DĚ

ČESKÝCH ZEMÍ
DO ROKU
2004
VE ZKRATCE

■

PETR ČORNEJ

■

JIŘÍ POKORNÝ

■

PRÁH

Petr Čornej
Jiří Pokorný
DĚJINY ČESKÝCH ZEMÍ DO ROKU 2004 VE ZKRATCE

Obálku navrhl a graficky upravil Pravoslav Nesrovnal
Sazbu zhotovil Vladimír Vyskočil – KORŠACH
Vytiskl Ekon Jihlava
Vydal Práh, Po.box 46, 181 00 Praha 8 v roce 2003
jako svou 129. publikaci
Vydání první

ISBN 80-7252-026-1

■ Česká republika (rozloha 78 864 km²) se z historickoprávního hlediska skládá ze tří částí, Čech, Moravy a dílu Slezska, zvaných souhrnně též české země. Toto území spolu již od středověku existovalo v rámci jednoho státu, resp. soustátí, a přetrvalo tak dlouhá staletí. Teritorium dnešní Slovenské republiky pak bylo přibližně od roku 1000 až do podzimu 1918 integrální složkou Uherského království. Teprve vznik Československé republiky na podzim 1918 znamenal radikální změnu poměrů. Dějiny českých zemí a Slovenska tedy netvoří organický celek a bylo by nešťastné i nemožné pokoušet se o jejich celistvé zmapování v rámci jednoho výkladu. Následující řádky se proto programově soustřeďují na historický vývoj Čech, Moravy a Slezska, zatímco slovenskou problematiku berou logicky v potaz až od zrození Československa; jinak se slovenské minulosti dotýkají pouze v nejnutnější míře.

■ Geograficky se teritorium Čech na jedné a Moravy s dílem Slezska na straně druhé od sebe poměrně značně liší. Vlastní Čechy obklopují pohoří, jejichž původ sahá převážně do prvohor (Šumava, Krušné hory, Lužické hory, Jizerské hory, Broumovské mezihoří, Českomoravská vrchovina), kdežto Morava, pomineme-li Jeseníky, se svými nížinami otvírá do rakouských zemí a slovenského Podunají. České země byly osídleny již ve starší době kamenné (nejstarší nález pozůstatků působení člověka se na českém teritoriu datuje do období před 1 700 000 lety, ale významem je předčí doklady o činnosti „lovců mamutů", zejména z moravských lokalit Předmostí u Přerova, Pavlov a Dolní Věstonice z časů před 26 000 – 11 000 lety). Směrem k přítomnosti pramenů přibývá.

■ V období vzestupu antického Říma (3.-1. století před Kristem) obýval české teritorium keltský kmen Bójů. Podle nich se dostalo zemi latinského pojmenování Bohe-

České území

České země
v pravěku

Keltové
a germánské
kmeny

mia (odtud i německé označení Böhmen). Na přelomu letopočtu, v čase sílícího tlaku římského impéria, vystřídal Kelty germánský kmen Markomanů, jejichž vládce Marobud bojoval s Římany (17. rok po Kristu). Čechy a Morava však zůstaly mimo rámec starověké Římské říše, jejíž opevněná hranice (limes Romanus) se dotkla tohoto prostoru pouze okrajově (lokalita Mušov na jižní Moravě). České země tedy nepřišly s antikou do soustavnějšího styku, což se promítlo i do jejich dalšího civilizačního vývoje.

Avarský kníže
se zajatcem.

předěl 5.-6. století
Příchod Slovanů

■ Několik staletí trvající období stěhování národů zásadním způsobem proměnilo etnickou skladbu obyvatel dnešního českého a moravského území. V 6. století začaly do slovenských a moravských nížin i do české kotliny pronikat z jihovýchodu slovanské kmeny, které odtud postupně vytlačovaly germánské kmeny, tentokrát Langobardy a Durynky. Archeologické nálezy z této doby jsou však skoupé, a tak jedním z mála záchytných bodů zůstává písemná zpráva byzantského historika Prokopia, jenž se přibližně k roku 512 zmiňuje o přítomnosti Slovanů v českých zemích. Jeho údaj ale nelze ověřit. V některých oblastech žili Slované a Germáni určitý čas vedle sebe, ale toto soužití od počátku narušovaly vpády Avarů, kočovníků turkotatarského původu, kteří se zmocnili Panonie (latinské zeměpisné označení části nynějšího Maďarska západně od Dunaje) a podnikali nájezdy i na Franskou říši.

Všechny tyto změny urychlily na konci 6. století zánik germánských etnických skupin v českomoravském prostoru. Příslušníci germánských kmenů buď odešli, nebo splynuli se Slovany, kteří se stali jedinými obyvateli země.

■ Odlišný životní styl slovanských kmenů a sousedních Avarů zákonitě plodil vzájemné konflikty. Zatímco Slované žili v zemědělských osadách, byli kočovničtí Avaři mobilnější, výbojnější a část slovanského obyvatelstva si dokonce podmanili. Někdy kolem roku 620 propuklo povstání slovanských kmenů proti avarské nadvládě.

■ Výrazného úspěchu dosáhli povstalci v letech 623–624, kdy v jejich čele stanul franský kupec Sámo, pocházející asi z dnešní střední Francie. Po odražení Avarů byl Sámo uznán sjednocenými slovanskými kmeny za vládce a hlavu rozsáhlé říše, zahrnující teritorium Čech, Moravy, části Slovenska a zřejmě i část bavorského území, obývaného tehdy Slovany. Byla to první říše, kterou západní Slované vytvořili, ale spíše než o státní útvar v pravém slova smyslu šlo o kmenový svaz spojený osobou panovníka. Jeho centrum leželo zřejmě v jihomoravských nížinách kolem řeky Moravy, kde již tehdy vznikala opevněná sídliště, hradiště. Sámo vládl přibližně pětadvacet let a vedl úspěšnou obrannou válku proti franskému králi Dagobertovi, jehož vojska roku 631 porazil u hradiště Vogastisburgu (snad v severozápadních Čechách). Po Sámově smrti, někdy v letech 658–659, se jeho říše rozpadla.

■ Na téměř 150 let potom písemné zprávy o českých zemích víceméně mlčí. Teprve od počátku 30. let 9. věku se řeč pramenů stává zřetelnější. Na dolním toku Moravy se v té době formuje jádro státního útvaru, pro který historikové nejčastěji volí název Velkomoravská říše. Jde ale o pojmenování umělé a pozdní, soudobí autoři hovoří pouze o Moravě a Moravanech.

■ Prvním známým velkomoravským panovníkem byl Mojmír I., který po roce 833 připojil ke svému teritoriu Nitransko na jižním Slovensku. V těchto časech již působily v mojmírovské říši křesťanské misie, přicházející sem především z Bavorska a Salcburska. Nové náboženství přijímali především kníže, jeho příbuzní a vojenská družina, zatímco většina prostého obyvatelstva nadále uctívala pohanská božstva. Největšího územního rozsahu nabyla Velká Morava za Mojmírových nástupců, kdy vedle původního centra a jižního Slovenska uvedla pod svou

623–624
Vznik Sámovy říše

830–836
Zrod Velkomoravské říše

Cyril a Metoděj (vlevo) před Kristem. Freska z 11. století v San Clemente v Římě.

863
Cyrilometodějská
misie

svrchovanost též slovanské kmeny v Čechách, v Panonii i v okolí řeky Visly na dnešním polském teritoriu. Centry politického, kulturního a náboženského života byla jihomoravská hradiště Mikulčice a Staré Město (u nynějšího Uherského Hradiště).

■ Mojmírův nástupce Rostislav se snažil vytvořit protiváhu vlivu Východofranské říše ve střední Evropě, a proto se programově orientoval na Byzanc. Od byzantského císaře si také vyžádal vyslání křesťanské misie, v jejímž čele stáli bratři Konstantin (přijal později klášterní jméno Cyril) a Metoděj, původem Řekové ze Soluně. Na Moravu přišli asi roku 863 a začali zde prosazovat slovanskou liturgii, srozumitelnou všemu obyvatelstvu. Pro tento účel sestavil Konstantin na základě jihoslovanského nářečí umělý slovanský jazyk (staroslověnštinu, resp. církevní slovanštinu) a vytvořil zvláštní písmo (hlaholici). Spolu s bratrem pak do staroslověnštiny překládali bohoslužebné texty, Nový zákon a není vyloučeno, že se jim podařilo přeložit celou Bibli, ač přímý doklad o tom chybí. Později Metoděj dosáhl jmenování arcibiskupem moravsko-panonské arcidiecéze. Jeho sídlem byl kostel na Velehradě (zřejmě nynější Sady u Uherského Hradiště, kde archeologové odkryli základy velké svatyně). Oba soluňští bratři byli později prohlášeni za svaté.

■ Po Metodějově smrti (6. 4. 885) zapudil kníže Svatopluk, Rostislavův nástupce, přívržence slovanské bohoslužby a přiklonil se zpět k latinské formě. Nedlouho před svým skonem však Metoděj stačil pokřtít českého knížete Bořivoje a jeho manželku Ludmilu. Metodějovou smrtí slovanská liturgie nicméně nezahynula. Metodějovi žáci působili v Čechách i v slovanských oblastech a posléze zapustila slovanská bohoslužba kořeny v Kyjevské Rusi. Přispělo k tomu i nové písmo, tzv. cyrilice, z níž se vyvinula azbuka.

■   Po Svatoplukově smrti roku 894 se ujal vlády jeho syn Mojmír II., ale poměry se podstatně zhoršily. Na přelomu 9.–10. století vpadli totiž do střední Evropy kočovní Maďaři. Vnějšího ohrožení Moravy využila některá kmenová knížata, aby se vymanila z moravského područí. Brzy po Svatoplukově smrti, roku 895, složila česká knížata, mezi nimi též Bořivojův syn Spytihněv, vazalský hold východofranskému králi Arnulfovi. Po letech bojů Velkomoravská říše kolem roku 907 maďarským nájezdníkům podlehla. Maďaři však jádro moravského území neobsadili, ale stáhli se zpět do rozlehlých nížin kolem řek Tisy a Dunaje. Tím v Evropě skončilo období tzv. stěho-

Ideální rekonstrukce hradiště v Mikulčicích, nejpravděpodobněji centra Velké Moravy.

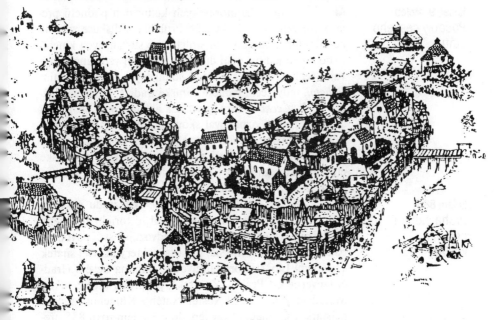

Západoslovanští bojovníci z 10.-11. století.

vání národů. Velká Morava po sobě zanechala pozoruhodné kulturní dědictví, které svět poznal až prostřednictvím archeologických objevů po roce 1945. Velkomoravská říše ovšem nebyla prvním společným státem českého a slovenského národa, jak se občas tvrdí, nýbrž státním útvarem více či méně dobrovolně sjednocených slovanských kmenů, hovořících příbuznými dialekty. Proces formování národů a národních států začal ve střední Evropě až po jejím rozpadu.

konec 9. století
Počátky českého státu

■ Řadu velkomoravských kulturních podnětů přejal nově vznikající český stát. Probíhající diskuse, zda na českém teritoriu žilo v 9. století více slovanských kmenů nebo kmen jediný, není důležitá. Evropští vzdělanci nazývali všechny obyvatele Čech souhrnným pojmenováním *Bohemi*, tedy zcela v duchu římské tradice. Slovanský název *Češi, Čechové* se objevil asi až na konci 9. století a zprvu zřejmě označoval skupinu lidí, obklopující vládnoucího knížete a podílející se na politické moci. Postupně se pojmenování Češi přeneslo na veškeré slovanské etnikum, které sídlilo v Čechách, dorozumívalo se českým jazykem a tvořilo středověký český národ.

kolem 885
Praha sídlem českých knížat

■ Knížetem, který stál u počátku zrodu českého státu, byl již uvedený Bořivoj, první historicky doložený příslušník dynastie Přemyslovců, odvozující svůj původ od bájného knížete Přemysla, prý oráče, který uzavřel sňatek s věštkyní Libuší. Bořivoj původně sídlil na Levém Hradci (severně od Prahy). Zde také, po přijetí křtu z rukou Metodějových, založil kostel svatého Klimenta, zřejmě nejstarší v Čechách. Pravděpodobně kolem roku 885 přemístil své sídlo na hradiště zvané Praha (na ploše nynější-ho Pražského hradu). Motivy byly nejspíše praktické povahy, neboť pražské hradiště střežilo významný brod přes Vltavu a stalo se tak důležitým obchodním střediskem. Od té doby dosud je Praha hlavním politickým a kulturním centrem českého státu.

■ Přes klíčové postavení v české kotlině byl Bořivoj až do své smrti (kolem 890) věrným spojencem Velkomoravské říše, z jejíhož vlivu se dokázal vyprostit až jeho syn Spytihněv I. Spytihněvova orientace na Bavorsko v podstatě rozhodla o příklonu českého území ke kultuře „latinského" Západu. Důsledky tohoto kroku se však neprojevily okamžitě a prakticky po celé 10. a 11. století v Čechách vedle sebe působily dvě kultury, latinská a zvolna ustupující staroslověnská. Po Spytihněvově skonu nastoupil jeho bratr Vratislav I., zakladatel kostela sv. Jiří na Pražském hradě. Když i on zemřel, došlo ve vládnoucím rodě ke sporům. Jejich vyvrcholením bylo zavraždění kněžny Ludmily, vdovy po knížeti Bořivojovi. Hrůzný čin vykonali dne 15. 9. 921 na hradišti Tetín (nad řekou Berounkou, nedaleko pozdějšího hradu Karlštejna) vikingští bojovníci ve službách kněžny Drahomíry, vdovy po Vratislavovi I. Zavražděná Ludmila byla později svatořečena a její kult byl pěstován především v pražském kostele sv. Jiří, kde kněžniny tělesné ostatky nalezly místo posledního odpočinku.

15. 9. 921
Zavraždění kněžny Ludmily

Pražský hrad v době vlády knížete Václava.

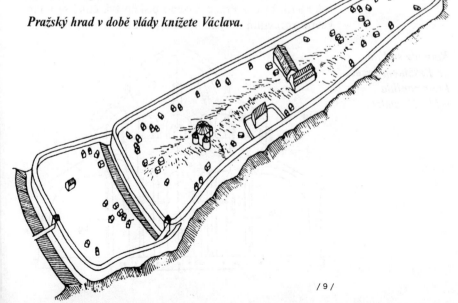

Tím však řevnivosti uvnitř přemyslovské dynastie neustaly. Vláda knížete Václava, syna Vratislava I. a Drahomíry, se zprvu vyvíjela úspěšně. Na svou dobu nebývale vzdělaný panovník pokračoval v expanzivní politice svého rodu a provedl změnu zahraničněpolitické linie, když se místo na Bavorsko začal orientovat na Sasko, jemuž připadla vůdčí úloha v německých oblastech. Výrazem této vazby bylo i založení kostela sv. Víta na Pražském hradě, na jehož místě později vyrostla gotická katedrála. Potom se však Václav z blíže neznámých důvodů ocitl ve sváru s mladším bratrem Boleslavem. Dne 28. 9. 935 (některé prameny uvádějí rok 929) dal Boleslav na hradišti Boleslavi (dnes Stará Boleslav) staršího sourozence zavraždit a sám se ujal vlády. Václav byl, podobně jako jeho babička Ludmila, prohlášen za svatého a později se stal symbolem české státnosti i její kontinuity, ideálním a věčným panovníkem české země i jejím nebeským patronem. Tuto státotvornou funkci plnil svatováclavský kult i v nových dějinách a plní ji dosud.

Největší rozlohy v první fázi své existence dosáhl český stát za panování Boleslava II. v poslední třetině 10. století. Jeho územní rozsah tehdy zabíral jak vlastní Čechy, tak Moravu i vzdálenější oblasti nynějšího Slovenska a Haliče. Boleslavova sestra Mlada založila před rokem 970 v Čechách první klášter, určený pro benediktýnky. Umístila jej k pražskému kostelu sv. Jiří. Brzy poté, roku 973, bylo v Praze zřízeno biskupství, čímž se v církevně správním smyslu vymanilo české území ze závis-

Rotunda sv. Víta
na Pražském hradě,
která zanikla
v 11.–12. století.

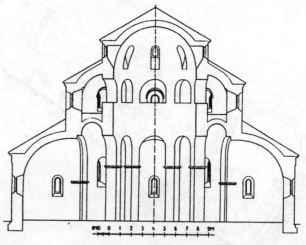

roku 976 stal Sas Thietmar, bylo podřízeno arcidiecézi v Mohuči (Mainz).

losti na řezenské diecézi. Nové biskupství, jehož hlavou se roku 976 stal Sas Thietmar, bylo podřízeno arcidiecézi v Mohuči (Mainz).

■ V tehdejších poměrech bylo běžné, že se světský panovník cítil nadřazen církevnímu představiteli, v němž spatřoval svého kaplana. Snahy o emancipaci církve byly teprve v počátku. V Čechách o posílení prestiže církve a o hlubší pochopení principů křesťanského života (barbarské zvyky stále přežívaly i na knížecím dvoře, který křesťanství pojímal pouze vnějškově) usiloval druhý pražský biskup Vojtěch (Adalbert). Evropsky vzdělaný a zcestovalý muž se zasloužil o založení prvního mužského kláštera (roku 993 v Břevnově u Prahy; dnes součást šestého pražského obvodu), kam přivedl členy benediktýnského řádu. Vojtěchova činnost však narazila na nepochopení Boleslava II., jehož nechuť násobil fakt, že pražský biskup pocházel z knížecího rodu Slavníkovců, kontrolujících některé oblasti jižně a východně od Prahy. V roce 995 Boleslavova vojenská družina zaútočila na slavníkovské hradiště v Libici nad Cidlinou a pobila všechny přítomné členy rodu. Tím Přemyslovci ovládli celé Čechy. Vojtěch tehdy pobýval v cizině, kde také 23. 4. 997 nalezl mučednickou smrt při misijní cestě k pobaltským Prusům. Nad Vojtěchovým hrobem v polském Hnězdně vzniklo z iniciativy císaře Oty III. a polského panovníka Boleslava Chrabrého arcibiskupství. Vojtěch, který v Čechách za svého života nenašel pochopení, se dočkal uznání alespoň po smrti. Byl svatořečen a přiřadil se po bok svaté Lud-

Boleslav I. napadá kněze.

23. 4. 997
Mučednická smrt biskupa Vojtěcha

Biskup sv. Vojtěch před císařem Otou III.

mily a svatého Václava, jehož kult sám prosazoval. Později k této trojici přibyl ještě opat Prokop, zakladatel Sázavského kláštera (po roce 1030), jediného českého konventu se slovanskou liturgií, která v jeho zdech přežívala až do roku 1097. Prokop byl kanonizován až roku 1204 a spolu s Václavem, Ludmilou a Vojtěchem tvoří dodnes uctívanou velkou čtveřici českých patronů.

1002
Čechy poprvé
uděleny
jako říšské léno

■ Na rozhraní 10. a 11. století se český stát ocitl v hluboké krizi. Její důvody byly dva. Především vznik a expanze nových sousedních států, Uher a Polska, a dále spory mezi syny Boleslava II. Během těchto zmatků ztratili Přemyslovci mnohé územní zisky a jejich stát zůstal omezen na vlastní Čechy. Oslabení přemyslovské dynastie využil Boleslav Chrabrý, který roku 1002 protlačil na pražský stolec svého exponenta Vladivoje. Tento kníže si dal, jako první známý český vládce, své postavení potvrdit od panovníka Římské říše Jindřicha II. Ten udělil Vladivojovi Čechy jako říšské léno. Vznikla tak tradice, která se udržela po dlouhá staletí.

■ Fakt, že římští panovníci, pocházející obvykle z německých rodů, udělovali českým vládcům český stát v léno, neznamenal v žádném případě podřízení české země a jejích obyvatel Němcům. Římské impérium, obnovené roku 967 císařem Otou I., vyrůstalo z idejí středověkého univerzalismu a mělo zahrnovat veškeré křesťanstvo, podřízené duchovně papeži a z hlediska světské moci císaři. V praxi však Římská říše (od 12. století se užívalo označení Svatá říše římská) obsáhla pouze oblasti nynějšího Rakouska, Švýcarska, Beneluxu, Slezska, Čech, Moravy, Německa, části Francie a severní Itálie. Ale i v tomto prostoru byla politická autorita jejího panovníka, který po korunovaci v Římě dostával císařský titul, spíše formální povahy. Jednotlivá knížata zůstávala na svých územích suverény, což se týkalo i panovníků českého státu. Vztahy mezi českými vládci a králi, resp. císaři Římské říše nebyly ovšem bezproblémové. Fakticky záleželo na osobnosti a schopnostech každého českého vládce, jakou míru nezávislosti si dokázal udržet. Energický římský panovník se obvykle snažil zasahovat do české politiky, zatímco slabý vládce ponechával Přemyslovcům volnost a prostor. Třecí plochy však byly více než časté a mnohdy ústily v přímé válečné konflikty.

■ Tak tomu bylo za vlády knížete Břetislava I. (1034-1055), nazývaného český Achilles. Kromě toho, že svou nastávající ženu Gutu (česky Jitku) unesl z kláštera, připojil spolu se svým otcem Oldřichem k českému knížectví opět Moravu, podnikl kořistnickou výpravu do Polska a podílel se na vydání prvního známého českého zákoníku. Roku 1054/1055 ustavil, že vládcem v Čechách má vždy být nejstarší příslušník přemyslovské dynastie (princip tzv. seniorátu). Tato zásada později vedla k častým sporům uvnitř přemyslovského rodu. Jeho mladší synové obdrželi knížecí úděly na Moravě (jako sídla zdejších knížat se profilovaly Brno, Olomouc, Znojmo), což přispělo k vzestupu jmenovaných, dodnes významných lokalit.

1054/1055
Seniorátní řád knížete Břetislava I.

■ Nejslavnějším ze synů Břetislava I. byl bezesporu Vratislav II. (1061-1092). Už v počátcích vlády prokázal panovnickou prozíravost, když ve snaze oslabit moc pražského biskupa založil roku 1063 biskupství v moravské Olomouci. Za podporu, již poskytl císaři Jindřichovi IV. v jeho sváru s papežem Řehořem VII., obdržel roku 1085 titul krále, byť pouze pro svou osobu. U příležitosti Vratislavovy korunovace vznikl zřejmě skvostně iluminovaný rukopis, známý Kodex vyšehradský, nádherný doklad románské knižní malby. Udělení královského titulu českému panovníkovi potvrdilo důležitost českého státu v rámci

1085
Vratislav II. prvním českým králem

Římské říše i přední postavení jeho panovníka mezi feudály tohoto nadnárodního útvaru. Vratislav II. rád pobýval na Vyšehradě, druhém pražském hradě, založeném v druhé polovině 10. století na pravém vltavském břehu.

■   Z následovníků Vratislava II. patřil k nejvýznamnějším kníže Soběslav I. (1125–1140), s jehož jménem je spjata přestavba Pražského hradu v kamennou románskou pevnost. Za vlády jeho nástupce Vladislava II. (1140–1172) tato činnost pokračovala. Vedle Pražského hradu se výrazně proměňovala i tvář kupeckých a řemeslnických osad v podhradí, kde vyrůstaly kamenné domy, a oba vltavské břehy spojil kamenný most, zvaný Juditin, druhý nejstarší ve střední Evropě. Svému poslání sloužil až do roku 1342, kdy se zřítil. Románská architektura se uplatňovala též při stavbách klášterních objektů různých církevních řádů (v průběhu 12. století přišli do Čech premonstráti, jimž náležel známý Strahovský klášter v blízkosti Pražského hradu, cisterciáci a johanité). Četné kostely v románském stylu vznikaly i v jiných významných lokalitách (kupř. rotunda sv. Kateřiny ve Znojmě s nástěnnými malbami příslušníků přemyslovské dynastie), stejně jako na českém i moravském venkově.

1158
Vladislav II.
druhým českým
králem

1182
Zřízení Moravské-
ho markrabství

■   Vladislav II. se více než jiní čeští panovníci zapsal do povědomí Evropy. Jako spojenec římského císaře Friedricha I. Barbarossy se zúčastnil vojenské výpravy do Itálie a vysloužil si roku 1158 královskou korunu, ovšem opět jen pro svou osobu. V časech jeho panování výrazně pokročil proces kulturního přibližování českých zemí evropskému Západu.

■   Vladislavovi nástupci nedokázali vůči Friedrichovi Barbarossovi provádět obratnou politiku, čehož císař využil k přímému zasahování do českých záležitostí. České země nahlížel z pozic univerzalistické ideje císařství a podle toho se k nim choval. V průběhu osmdesátých let 12. věku se je pokusil rozdělit na tři samostatné celky, podřízené přímo římskému panovníkovi. Z pražského biskupství (roku 1187) a z Moravy (roku 1182) učinil říšská knížectví, nezávislá na českém vládci. Tento krok však neměl pro integritu českých zemí závažnější následky, poněvadž Friedrich Barbarossa brzy zemřel a jeho nástupci postrádali autoritu. Pouze Morava si uchovala označení markrabství, které jí udělil Friedrich I. Tím ze státoprávního hlediska získala postavení svébytného útvaru a po-

Nejsvětější Trojice, Přemysl Otakar II., Václav II. a Václav III.

držela si je až do novověku, byť vždy tvořila, až na krátkou pozdější epizodu, jedno soustátí s Čechami. Pevné spojení obou zemí potvrzovalo obsazování úřadu moravského markraběte. Od samého počátku tuto funkci vykonával člen dynastie vládnoucí v Čechách, od roku 1411 pak téměř pravidelně český panovník sám.

■ Sklonek 12. století byl obdobím stabilizace poměrů. Přispělo k tomu několik okolností. Předně potvrzení práv šlechty (v tzv. statutech knížete Konráda Oty roku 1189), jež se konstituovala jako vrstva svobodných a dědičných vlastníků půdy, dále celkový hospodářský vzestup a oslabení pozic římských panovníků, kteří nyní pro změnu potřebovali pomoc českých vládců. Této situace využil český panovník Přemysl I. Otakar, jenž roku 1198 obdržel královský titul a posléze mu v roce 1212 vydal římský a sicilský král Friedrich II. listinu, zvanou Zlatá bula sicilská. Její text upravoval poměr českého státu k Svaté říši římské. Český vládce získal definitivně královskou hodnost;

1212
Zlatá bula sicilská

Čechy se z knížectví staly dědičným královstvím a zároveň nejpřednějším útvarem v rámci Římské říše. Ještě před polovinou 12. století byl českému panovníkovi přiznán čestný titul říšského arcičíšníka. Významnější ovšem byla kurfiřtská hodnost, která z českého krále činila od poloviny 13. století jednoho ze sedmi kurfiřtů (volitelů) římského panovníka. Český stát vkročil na cestu vedoucí k velmocenskému postavení ve střední Evropě.

■ Tato pozice by nebyla možná bez kvalitního hospodářského zázemí. Již ve 12. století začala pod tlakem potřeb i z iniciativy panovníka, klášterů a šlechty systematická kolonizace dosud neobydlených oblastí a přeměna rozsáhlých lesů a bažin v zemědělsky užívané plochy. Tento proces dostal mocný impuls ve 13. století, kdy do Čech a Moravy (ale i Slezska a Uherského království) přicházel početný proud kolonistů z přelidněných německých oblastí. Němečtí kolonisté se výrazně podíleli hlavně na osidlování těžko přístupných pohraničních hvozdů. Zároveň s sebou přinášeli dokonalejší zemědělskou techniku. Lidská sídla, kdysi soustředěná do úrodných nížin, nyní pokryla celé Čechy a Moravu, s výjimkou vysokých pohraničních pohoří, kolonizovaných až v 16.–18. století. Kolonisté z německých oblastí se opírali též o vyspělejší právní systém, přesně vymezující vztahy mezi poddaným zemědělcem a feudály. Poddaní odváděli své vrchnosti pravidelně dvakrát do roka pevné peněžní dávky.

■ Součástí kolonizace byl i vznik relativně husté sítě královských (tj. pod panovníkovu svrchovanost spadajících) a poddanských (šlechtické či církevní vrchnosti podléhajících) měst. Také právní instituci města s sebou přinesli němečtí kolonisté. Města jako střediska řemesel a obchodu vznikala buď z osad u významných hradů (v Čechách kupř. Litoměřice, Hradec Králové; na Moravě Brno, Olomouc, Znojmo), nebo byla zakládána zcela nově (České Budějovice, Nymburk atd.). Větší a důležitější byla města královská (v Čechách jich do roku 1300 vzniklo asi 32, na Moravě pak 18), která od panovníka dostávala významná privilegia (právo stavět hradby, právo trhu, právo vařit pivo), ale zároveň byly jejich daně zdrojem příjmů královské pokladny. Také pražská aglomerace se proměnila v města až ve 13. století (dnešní Staré Město pražské po roce 1230, Malá Strana roku 1257).

■ Mimořádné postavení měla tzv. horní města, zabývající se těžbou a zpracováním drahých kovů, v českých zemích především stříbra. Na Moravě to byla Jihlava, ovšem nejvýznamnějšími ložisky disponovala Kutná Hora ve středních Čechách. Bohatství stříbrné rudy umožnilo českému panovníkovi provést za pomoci italských odborníků mincovní reformu a zahájit v roce 1300 ražbu hodnotné mince, zvané české či pražské groše. Tato mince nahradila starší peníze (denáry, brakteáty) ražené v Čechách už od druhé poloviny 10. století.

Kolonizace pronikavě změnila též národnostní skladbu českých zemí. Původní jednolité, česky mluvící etnikum přestalo být výhradním obyvatelem českomoravského prostoru. Podíl německého živlu se výrazně zvýšil a České království i Moravské markrabství se staly soustátím obývaným dvěma národy. Tento stav vytrval až do roku 1946. Soužití obou národů kolísalo po celých sedm století v široké škále od poklidné koexistence až k vzájemné rivalitě a řevnivosti, přispívající na obou stranách k vyhraňování národního vědomí, ba někdy až k projevům nacionalismu, šovinismu a xenofobie.

V průběhu 13. století přejaly české země i vyspělejší kulturu západní Evropy, pro niž byl charakteristický gotický styl. Panovník i šlechta si osvojili dvorsko-rytířský způsob života a začali budovat kamenné hrady (kupř. Bezděz, Zvíkov, Český Krumlov, Landštejn atd.) Souběžně vznikaly pozoruhodné církevní objekty (kláštery Zlatá Koruna, Vyšší Brod, Sedlec, Zbraslav, Osek i jiné). Výrazem prohloubené religiozity byla činnost nových řádů, františkánů a klarisek (klášterní komplex v Praze na Františku). V tomto směru působila též dcera Přemysla I. Otakara, zbožná Anežka Česká († 1282), zakladatelka řádu křižovníků s červenou hvězdou. Ve středověku byla uctívána, ale na svatořečení čekala až do pohnutého podzimu roku 1989. Ochránkyní a léčitelkou chudých i zakladatelkou dominikánských klášterů v Turnově a Jablonném byla šlechtična Zdislava († 1252), svatořečená roku 1997.

Prudký vzestup českého státu se odrazil také v mezinárodních vztazích. Čeští králové získali kombinací sňatkové politiky a vojenského nátlaku pod svou vládu rakouské země, ale s tím se nespokojili. Přemysl II. Otakar (1253–1278), zvaný pro své bohatství a vojenskou moc „král železný a zlatý", ovládl též Korutany, Štýrsko i Kraňsko a vztahoval ruku po koruně římského krále.

1300
Mincovní reforma
Václava II.

Změny
národnostní
skladby

Počátky gotické
kultury

26. 8. 1278
Bitva
na Moravském
poli a smrt
Přemysla II.
Otakara

4. 8. 1306
Vymření
Přemyslovců
v mužské
linii

1310
Nástup
Lucemburků
na český
trůn

1344
Povýšení
pražského
biskupství
na arcibiskupství

Jeho sílící postavení ale nebylo ostatním kurfiřtům po chuti, a tak prestižní titul získal roku 1273 hrabě Rudolf von Habsburg, jehož rod se poprvé výrazně zapsal do evropských dějin. Když se Přemysl musel vzdát rakouských a alpských zemí, stal se boj mezi ním a novým římským panovníkem neodvratným. Dne 26. 8. 1278 se na Moravském poli odehrála bitva, v níž Přemysl II. Otakar zahynul.

■ Porážka mocenskou expanzi českého státu zbrzdila, nikoli však zastavila. Král Václav II., Přemyslův syn, obrátil pozornost východním a severním směrem. V roce 1300 obdržel polskou korunu a po vymření dynastie Arpádovců v Uhrách se mu podařilo dosáhnout korunovace svého syna Václava na uherského krále. Inteligentní, byť negramotný Václav II. však roku 1305 zemřel, aniž tušil, že se jeho státnické dílo záhy ocitne v troskách. Jeho jediný syn Václav III. se musel zříci uherské koruny a soustředil se na udržení vlády v Polsku, kde proti němu vystoupila silná opozice. Při vojenském tažení byl však v Olomouci 4. 8. 1306 za nevyjasněných okolností zavražděn. Jím také v mužské linii vymřela dynastie Přemyslovců, vládnoucí v českém státě více než 400 let.

■ Uvolnění trůnu s sebou téměř vždy přinášelo nebezpečí destabilizace. Nejinak tomu bylo v Českém království. Naštěstí trvaly zmatky jen krátce a ze zápasu o trůn vyšel roku 1310 vítězně Jan Lucemburský, manžel Elišky Přemyslovny, sestry posledního Přemyslovce. Jan byl synem římského krále a později císaře Jindřicha VII. Lucemburského, který však již roku 1313 zemřel, aniž mohl prvorozenému potomkovi účinně pomoci. Mladý Jan, vychovaný v dětství na francouzském královském dvoře, si v Českém království nikdy nezvykl. Bylo tomu tak i proto, že musel čelit politickým aspiracím sebevědomé české šlechty. Z tohoto důvodu na vnitřní politiku raději rezignoval a věnoval se převážně zahraničněpolitickým záležitostem, v nichž dosáhl skvělých výsledků (zisk Horní Lužice a většiny Slezska, připojení Chebska).

■ Po Janově boku se začal již od roku 1332 prosazovat jeho prvorozený syn, křtěný původně Václav, avšak přijavší při biřmování ve Francii nové jméno Karel. Inteligentní hoch vyrůstal rovněž na pařížském dvoře, kde se mu dostalo mimořádné péče a nadprůměrného vzdělání. V mládí poznal i Lucembursko a severní Itálii, takže když

Karel IV.
jako král český
a markrabě
moravský.

se v roce 1333 vrátil do Čech, uměl aktivně francouzsky, italsky, německy, latinsky a záhy si znovu osvojil též češtinu. Od svého příchodu se soustavně věnoval vnitročeským záležitostem, takže jej otec učinil svým spoluvládcem. K významným Karlovým činům patřila v této době úspěšně dokončená snaha o povýšení pražského biskupství na arcibiskupství (v roce 1344) a v souvislosti s tímto aktem zahájení přestavby kostela sv. Víta na Pražském hradě v mohutnou gotickou katedrálu. Zároveň Karel vymohl i zřízení nového biskupství se sídlem ve východočeské Litomyšli.

■   Ještě za Janova života vstoupil český princ důrazně na mezinárodní scénu a s podporou papeže dosáhl v roce 1346 koruny římského krále jako Karel IV. Krátce poté (26. 8. 1346) padl Jan Lucemburský, bojuje na straně francouzského krále proti Angličanům, v bitvě u Crécy. Tím se Karlovi automaticky uvolnila cesta na český trůn.

1346
Karel Lucemburský
římským králem

■   Karel IV. (1346–1378) byl prvním českým vládcem, který dosáhl titulu římského krále a po korunovaci v Římě roku 1355 i císařského důstojenství. Jako římský král a císař se tak stal světskou hlavou celého západního křesťanstva. Propojení této hodnosti s českou korunou určilo i ráz jeho politiky. Za centrum své moci považoval od počátku České království. V této bohaté a konsolidované zemi sídlil a o ni se také příkladně staral, aniž zanedbával povinnosti vůči jiným oblastem.

1348
Právní kodifikace
zemí Koruny české

■ Důležitým mezníkem posílení prestiže českého státu byl rok 1348, kdy Karel vydal ústavní listiny, které právně stvrdily vznik zemí Koruny české, soustátí zahrnujícího České království a tzv. vedlejší země (Moravu, slezská knížectví, Horní Lužici a od roku1368 i Dolní Lužici). Tento státní celek, jehož symbolem se stal nový a nádherně zdobený panovnický diadém (zvaný na počest zemského patrona svatováclavská koruna), existoval v uvedeném rozsahu až do roku 1635. Poměr Českého království k Svaté říši římské Karel zřetelně stanovil v Zlaté bule pro Říši, přijaté v letech 1355–1356. Českému panovníkovi podle ní připadlo první místo mezi světskými kurfiřty. Platnost některých článků Karlovy Zlaté buly trvala až do konečného zániku Svaté říše římské roku 1806.

jaro 1348
Založení pražské
univerzity
a Nového Města
pražského

■ Karlovou rezidencí byla Praha, která se tak stala nejvýznamnějším městem Římské říše. Tomu musel odpovídat její charakter. Již roku 1348 rozšířil Karel IV. areál pražského souměstí o velkoryse budované Nové Město pražské, bezprostředně nato založil v Praze univerzitu, první vysoké učení ve střední Evropě. Hlavní město ozdobily četné a skvostné gotické objekty. Vedle přestavby královského paláce na Pražském hradě a celkové rekonstrukce Vyšehradu to byly zejména mnohé kostely a velkolepý Kamenný (nyní Karlův) most, vybudovaný na místě starého mostu Juditina. Na pravém břehu jej střeží pozoruhodná Staroměstská mostecká věž, dílo stavitele Petra Parléře, který rozhodujícím způsobem ovlivnil tvářnost katedrály sv. Víta. Zhruba 30 kilometrů od Prahy založil Karel IV. hrad Karlštejn jako pevnost chránící říšské korunovační klenoty. Na výzdobě hradu se podíleli četní umělci, mezi nimi mistr Theodorik, hlavní autor souboru 130 deskových obrazů. Gotické umění se ovšem prosadilo i v mnoha českých a moravských městech. Když 29. 11. 1378 Karel IV. zemřel, patřil český stát k nejmocnějším v Evropě a plně dohnal zpoždění, které v dřívějších dobách vykazoval v porovnání se západoevropskými a jihoevropskými oblastmi.

■ Krátce nato však došlo k nepříznivému obratu. V roce 1380 zasáhla České království silná epidemie pravého moru, který ve většině Evropy zuřil v letech 1347-1352. Donedávna kvetoucí země se rázem ocitla v hluboké krizi, vyvolané prudkým úbytkem obyvatel (10-15 %) a násobené s ním souvisejícími jevy (chudnutí šlechty, pustnutí a vylidňování celých oblastí). V nečekaně změněné situaci se stát nemohl opřít ani o vynikajícího panovníka, poněvadž Karlův prvorozený syn, vzdělaný Václav IV. (1378-1419), se raději než politice věnoval svým zálibám. Mezinárodní pozici Českého království oslabily i panovníkovy spory s představiteli bohaté církve a šlechtickými velmoži. Toho využila část říšských knížat, která v roce 1400 sesadila Václava z římského trůnu.

1380
Velká morová epidemie v Čechách

■ Česká společnost, jejíž kulturní úroveň v časech Karlovy vlády nebývale vzrostla, hledala příčiny prudkého propadu a zároveň východisko z neutěšených poměrů. Názory a řešení odpovídaly tehdejší době. V krizových jevech spatřovali uvažující lidé boží hněv a trest za porušení závazných principů božího zákona, obsaženého v Bibli. Podle tohoto mínění zavinila úpadek především církev, která si začala libovat v bohatství a přepychu, zasahovala do světské politiky a opustila své prvotní pastýřské poslání (tj. péči o spásu křesťanské duše) i apoštolský vzor. Existující papežské schisma (na počátku 15. století působili tři papežové!) dávalo kritickým hlasům za pravdu. Postoj reformních myslitelů se dá shrnout do jediné věty: Vrátí-li se církev k životu podle novozákonních ideálů, brzy dojde i k zlepšení stavu celé společnosti.

Krize českého státu a společnosti

■ Hlasatelem tohoto názoru se stala skupina českých mistrů na pražské univerzitě. V jejím čele záhy stanul mistr Jan Hus, od roku 1402 oblíbený kazatel v Betlémské kapli na Starém Městě pražském. Hus se vbrzku přiklonil k učení anglického myslitele Johna Wyclifa, jenž tvrdil, že se církev dobrovolně pozemkového bohatství i politického vlivu nevzdá a že k apoštolskému životu ji může donutit pouze stát a jeho představitelé. Kritika, vedená univerzitními vzdělanci, brzy dosáhla mocné odezvy jak na českém královském dvoře a v řadách šlechty, tak mezi širokými vrstvami obyvatel. Proti Husovým návrhům se ovšem postavili církevní preláti a mnozí měšťané německé národnosti, jejichž počet i pozice oslabily morové epidemie a sílící český vliv ve velkých městech. V Če-

1402
Jan Hus kazatelem v Betlémské kapli

chách žijící Němci se začali obávat vzestupu českého živlu. I to byl důvod, proč němečtí pedagogové na pražské univerzitě s Husem nesouhlasili. Napětí na univerzitě vyřešil roku 1409 Václav IV. vydáním Dekretu kutnohorského, jímž fakticky odevzdal pražské vysoké učení do rukou Husovy skupiny. Cizí, především němečtí učitelé a studenti na protest opustili Prahu a založili univerzitu v Lipsku.

■ V roce 1414 přijal Jan Hus pozvání na církevní koncil do říšského města Kostnice v naději, že shromáždění učených mužů, rovněž usilujících o nápravu křesťanstva, přesvědčí o správnosti svého pojetí. V tom se však mýlil, poněvadž názory koncilu a Husovy skupiny se v konkrétních otázkách příkře rozcházely. Brzy po příjezdu do Kostnice byl Hus zatčen, v inkvizičním procesu odsouzen a 6. 7. 1415 upálen jako kacíř. O necelý rok později, 30. 5. 1416, zahynul v Kostnici stejnou smrtí Husův přítel Jeroným Pražský. Svými přívrženci, jimž protivníci dali jméno husité, byli oba muži uctíváni jako mučedníci.

■ Potupná smrt Husa a Jeronýma vyhrotila v českých zemích napětí mezi husitskou a katolickou stranou. Dusná atmosféra přerostla 30. 7. 1419 v revoluční výbuch, když husitští radikálové na Novém Městě pražském svrhli nenáviděné členy městské rady z oken (tzv. první pražská defenestrace). Když o několik dní později zemřel král Václav IV., nedala se již husitská revoluce zastavit. Postupně zachvátila celé České království (v němž se katolíci bránili s největším vypětím sil), zatímco tzv. vedlejší země s převahou německého obyvatelstva se postavily proti ní. Na Moravě byly poměry složitější; část šlechty tam spojovala s husitstvím naději na prosazení svých politických a hospodářských představ, ale velká města, obývaná hlavně německým etnikem, zaujala protihusitské stanovisko.

■ Všichni husité uznávali společný program, jímž byly tzv. čtyři artikuly pražské, zformulované na jaře 1420. Čtyři artikuly stručně shrnovaly základní principy husitských představ o nápravě církve a společnosti v duchu božího zákona (1. zrovnoprávnění kněze a laika při bohoslužbě tak, že oba přijímají tělo i krev Páně – odtud označení pod obojí, kališníci, resp. utrakvisté; 2. svobodné hlásání božího slova; 3. zábor pozemkového majetku církve a vyloučení jejího vlivu ze světské politiky; 4. trestání smrtelných hříchů, které zabraňují křesťanům dosáhnout spasení). K respektování těchto zásad, v mnohém připomínajících velké evropské reformace 16. století, hodlali husité přivést nejen všechny obyvatele zemí Koruny české, ale i celý křesťanský svět. Velkolepý záměr však přesahoval možnosti husitských revolucionářů.

■ Razantnějšímu postupu bránila i husitská nesvornost. Přes souhlas s programem čtyř artikulů se husité dělili do několika názorových proudů, od umírněných (část husitské šlechty, univerzitní inteligence) přes centristy (většina Pražanů a jejich přívrženci v Čechách) až po radikály, z nichž nejvýznamnější byly dva svazy: východočeský a táborský.

■ Táboři si dokonce v roce 1420 založili v jižních Čechách vlastní obec, Tábor, v níž se hodlali řídit pouze autoritou Bible.

■ Křesťanská Evropa považovala husity za heretiky a pokusila se je zlomit vojenskou silou. V čele těchto snah stála papežská kurie, římský a uherský král Zikmund, bratr Václava IV. a dědic české koruny, jehož však husité odmítali, i stoupenci koncilního hnutí. V průběhu let 1420–1431 zorganizovali proti husitským Čechám pět křížových výprav, leč všechny skončily krachem. První utrpěla v létě 1420 nezdar před Prahou, když nedokázala dobýt vrch Vítkov (dnes Žižkov), hájený slavným husitským vojevůdcem, hejtmanem Janem Žižkou z Trocnova (†11. 10. 1424). Další výpravy zaznamenaly porážky u Německého (dnes Havlíčkova Brodu) na počátku roku 1422, u západočeských měst Tachova a Stříbra v létě

14. 7. 1420
Bitva na Vítkově

Jan Žižka v čele vojska.

1433
Vystoupení
husitské delegace
na koncilu
v Basileji (Basel)

30. 5. 1434
Porážka husit-
ských radikálů
v bitvě u Lipan

5. 7. 1436
Vyhlášení
kompaktát

2. 3. 1458
Volba Jiřího
z Poděbrad
českým
králem

1427 a v roce 1431 nedaleko Domažlic. Třetí výprava, vy-
hlášená roku 1422, se vlastně ani nesešla. Kromě toho od-
razili husité intervenci saských a durynských vojsk
16.6.1426 v bitvě u Ústí nad Labem.

■ Králi (od roku 1433 císaři) Zikmundovi nezbylo
nic jiného než navázat s husity jednání a uvažovat o jejich
požadavcích. O totéž usiloval od roku 1431 koncil, zase-
dající v Basileji. Husitská delegace, vedená táborským pře-
dákem Prokopem Holým, se na koncil dostavila v lednu
1433, aby tu rokovala o čtyřech artikulech. Diskuse se
však protáhla a pokračovala střídavě v Praze a Basileji.

■ V důsledku ekonomických potíží válkou vyčerpa-
né české země došlo posléze k oslabení pozic neústupné-
ho bloku táborů a východočeských husitů. Proti nim se
postavili umírnění husité, snažící se o dohodu s koncilem,
a ve spojení s českými katolíky je 30. 5. 1434 porazili
u středočeské vesnice Lipany. V bitvě padl i Prokop Holý.
Porážka radikálů otevřela cestu k dohodě mezi husity, ba-
silejským koncilem a Zikmundem Lucemburským.

■ Její text obsahovaly úmluvy, zvané kompaktáta,
slavnostně vyhlášené v Jihlavě dne 5. 7. 1436. Kompaktá-
ta v podstatě znamenala omezené vítězství husitského
programu. Dospělí obyvatelé Českého království a Mo-
ravského markrabství se mohli rozhodnout buď pro hu-
sitskou, či katolickou konfesi. Husitská církev byla chápá-
na jako autonomní součást římské církve, ovšem nikoli
bez problémů, neboť papež, na rozdíl od koncilu, kom-
paktáta nikdy výslovně neuznal. Zikmund († 9. 12. 1437)
zasedl na český trůn, ale musel souhlasit se záborem po-
zemkového majetku církve, zastoupením měst a nižší
šlechty na zemském sněmu a s vyloučením prelátů z to-
hoto orgánu. Husitská revoluce se tak roku 1436 uzavřela.

■ Soužití katolických panovníků s husity, tvořícími
70 % obyvatel, však naráželo na překážky. Proto český
zemský sněm zvolil 2. 3. 1458 králem Jiřího z Poděbrad,
šlechtického vůdce husitské strany. Byl to výjimečný čin
v českých dějinách, protože koruna spočinula na hlavě
muže, jenž nepocházel z dynastického rodu a kterého
téměř celá Evropa pokládala za kacíře. Jiří z Poděbrad
se snažil být dobrým panovníkem „dvojího lidu" (tj. husi-
tů i katolíků) a vylepšit svou pověst za hranicemi. Součás-
tí této snahy byl i roku 1464 navržený projekt mírové unie
evropských panovníků, připomínající řadou rysů principy

Husitská bitva v představě západní Evropy.

pozdější Organizace spojených národů. Evropští vládci jej však odmítli, takže Jiří zůstal osamocen v době, kdy papež prohlásil kompaktáta za neplatná a vyzval křesťany k nové válce s husity. Podpory papeže využili čeští katolíci i uherský král Matyáš Korvín, jenž po tři roky (1468–1471) bojoval proti Jiřímu se střídavými úspěchy. Lužické, slezské, moravské a české katolické stavy sice zvolily Matyáše roku 1469 v Olomouci českým panovníkem, ale po Jiřího smrti (22. 3. 1471) respektovali stoupenci „husitského krále" jeho přání a vstavili korunu na hlavu polskému princi Vladislavu Jagellonskému.

■ Dvojvládí v zemích Koruny české definitivně ukončila smrt Matyáše Korvína roku 1490. Vladislav sce-

1485
Kutnohorský
náboženský smír

Pohled na Prahu r. 1493.

lil celé soustátí pod svým žezlem a navíc se stal i uherským králem. V roce 1485 uznaly na sněmu v Kutné Hoře české katolické stavy kompaktáta jako základní zemský zákon a uzavřely s husity náboženský mír, prodloužený posléze „na věčné časy". Česká země se tak po bouřlivém období stala oblastí náboženské snášenlivosti. Byla to ovšem tolerance z nutnosti, neboť politická reprezentace si uvědomila, že po dlouhé epoše rozvratu, kdy Čechy ztratily až 40 % počtu obyvatel a potýkaly se s ekonomickými problémy, potřebuje stát klid.

1517 Svatováclavská smlouva

■ O celkové stabilitě se však mluvit nedalo, poněvadž po utlumení rozporů v náboženské sféře došlo takřka ihned k vyostření vztahů mezi královskými městy a šlechtou, tedy skupinami, které v husitském období získaly nejvíce. Jejich dvacet let trvající zápas skončil roku 1517 kompromisní Svatováclavskou smlouvou. Města se vzdala některých středověkých privilegií (kupř. tržního práva a práva vařit pivo), šlechta však musela definitivně souhlasit s jejich zastoupením na sněmu. Tímto způsobem se v Čechách prosadil stavovský model státu, v němž se panovník dělil o politickou moc se stavy (dva byly šlechtické, tj. panský a rytířský, česká královská města tvořila stav jediný). Obdobně tomu bylo, pochopitelně s většími či menšími odchylkami, i ve vedlejších zemích.

23. 10. 1526 Volba Ferdinanda Habsburského českým králem

■ Stavovský model však brzy čekala těžká zkouška. Dne 29. 8. 1526 zahynul v boji s Turky nedaleko uherského Moháče král Ludvík Jagellonský. České stavy zvolily 23. 10. 1526 novým panovníkem rakouského arciknížete Ferdinanda I., člena habsburské dynastie. Ten také brzy získal uherskou korunu. Habsburkové tak dovršili svůj mocenský nástup, neboť Ferdinandův bratr Karel V. byl králem (od 1530 císařem) Svaté říše římské národa německého a současně králem španělským. Ferdinand I. byl obratný politik, usilující o posílení centrální královské moci a o zeslabení vlivu stavů. Opíral se o výkonnou byrokracii, jíž svěřoval úřady podřízené své osobě, a podporoval katolickou církev proti kališnické církvi i proti novým reformačním církvím (luteráni, později kalvinisté), k nimž svým způsobem náležela též jednota bratrská vzniklá v Čechách kolem roku 1460 na základě myšlenek Petra Chelčického. Do českých zemí pozval Ferdinand roku 1556 řád jezuitů, předvoj bojovného katolicismu, obrozeného na tridentském koncilu. Součástí protireformačního trendu bylo i obsazení pražského arcibiskupství (1561), uprázdněného v 15. století.

■ Centralistické kroky Ferdinanda I. i jeho nástupců se střetly se snahami českých, moravských i slezských stavů, odhodlaných uchovat si rozhodující politický vliv.

1575
Česká konfese

Ferdinand I.

Hostina při slavnosti Řádu zlatého rouna v Praze roku 1585, vlevo u stolu císař Rudolf II.

1609
Vydání Rudolfova majestátu

Tento svár se projevoval jak v rovině politické (roku 1547 potlačil Ferdinand I. odboj české šlechty a měšťanstva), tak náboženské, kde se stavy snažily získat od Habsburků potvrzení konfesijních svobod. Rakouští Habsburkové s ohledem na bohaté katolické příbuzné ve Španělsku váhali, nicméně roku 1575 Maxmilián II. vyslovil ústní souhlas s textem tzv. České konfese. Jejího písemného schválení dosáhly stavy až v roce 1609 majestátem císaře a krále Rudolfa II. Katolicky zbožný a podivínský panovník tak v rozporu se svým přesvědčením legalizoval v Českém království rozsáhlou náboženskou svobodu, která nenacházela v tehdejší Evropě obdobu.

■   Rudolf II. (1576–1611) vstoupil do dějin též jako sběratel uměleckých předmětů, mecenáš výtvarníků, spisovatelů i vědců (v Praze za jeho vlády působili astronomové Tycho de Brahe a Johannes Kepler), nezřídka však i podvodníků, snažících se využít jeho štědrosti. Za vlády Rudolfa II., posledního Habsburka sídlícího v českém hlavním městě, v Čechách plně zdomácněla renesance, umělecký sloh šířící se do střední Evropy z italských oblastí. Na počátku 17. století ji však začal pozvolna vytlačovat nový směr, manýrismus, předznamenávající již nástup baroka.

■   Vydání Rudolfova majestátu situaci kupodivu nezklidnilo, poněvadž bojovná katolická strana chápala tento čin jako porážku. Majestát totiž oslaboval naděje na vybudování centrálně řízeného středoevropského habsburského soustátí, skládajícího se ze zemí Koruny české, rakouských zemí a Uher, jejichž velkou část však tehdy kontrolovali osmanští Turci. Napětí mezi evangelickými stavy a katolíky vyvrcholilo 23. 5. 1618, kdy skupina opozičních šlechticů, nespokojených s politikou českých místodržících (vysokých úředníků zastupujících krále), vnikla na Pražský hrad a dva prohabsburské exponenty (Viléma Slavatu z Chlumu a Jaroslava Bořitu z Martinic) svrhla z oken. Postiženým se sice nic nestalo, ale to nebylo podstatné. Konflikt mezi českými nekatolickými stavy a Habsburky vzplál plnou silou a vzhledem k propojenosti mocenských zájmů evangelíků i katolíků přerostl v dlouhodobé evropské střetnutí, zvané třicetiletá válka (1618–1648).

23. 5. 1618
Defenestrace
v Praze a počátek
třicetileté války

■   České stavy do ní vstoupily víceméně osamoceny, což pro ně mělo osudné důsledky. Svůj boj zahájily sice úspěšně, na český trůn zvolily říšského knížete Friedricha Falckého, zetě anglického krále, ale to bylo vše. Brzy se poměry změnily. Stavovské vojsko, složené z žoldnéřů rozličného původu, utrpělo 8. 11. 1620 porážku v nevelké bitvě na Bílé hoře před Prahou a jeho velitelé neměli v úmyslu hájit hlavní město. Friedrich Falcký uprchl ze země a Habsburkové triumfovali. Bigotnímu Ferdinan-

8. 11. 1620
Bitva na Bílé hoře

Jedno z vyobrazení
bitvy na Bílé hoře
roku 1620.

*Albrecht
z Valdštejna.*

1627–1628
Vydání
Obnoveného
zřízení zemského

dovi II. nic nebránilo v tom, aby potrestal odbojníky a začal uskutečňovat program budování absolutistické monarchie, řízené panovníkem a jeho nejbližšími rádci. První Ferdinandovy kroky dávaly na srozuměnou, že se model stavovského státu s konečnou platností zhroutil.

■ Vůdci stavovského povstání, pokud neodešli do ciziny, byli pozatýkáni a 27 z nich 21. 6. 1621 exemplárně popraveno na pražském Staroměstském náměstí. Téměř všem dalším povstalcům v Čechách, na Moravě i ve Slezsku panovník zkonfiskoval jejich statky. Takřka současně začal systematický proces rekatolizace, završený vydáním nové ústavy, Obnoveného zřízení zemského, jehož ustanovení vstoupila roku 1627 v platnost na území Českého království a o rok později na Moravě. Všichni příslušníci stavovské společnosti (tj. šlechtici a měšťané), pokud se chtěli přidržet nekatolických konfesí, museli české země opustit. Poddaným nezbývalo než zůstat a chtě nechtě přestoupit ke katolicismu. Ústava prohlašovala český trůn za dědičný v habsburské dynastii, na zemském sněmu zasedlo duchovenstvo (naopak městům zůstal jediný hlas) a němčina byla zrovnoprávněna s češtinou. V důsledku vydání nové ústavy a prováděcích nařízení emigrovaly z českých zemí desetitisíce lidí, mezi nimi mnoho inteligence, včetně tvůrce novodobé pedagogiky Jana Amose Komenského (1592–1670). Rekatolizace proběhla poměrně rychle a úspěšně, takže saské a švédské oddíly, které během třicetileté války vstoupily na české a moravské teritorium, nezískaly podporu obyvatel.

■ Velké prosluslosti dosáhl v průběhu válečného konfliktu český vojevůdce a podnikatel Albrecht z Valdštejna (známý díky Schillerovu dramatu též pod jménem Wallenstein), vrchní velitel habsburských vojsk. Po jeho roztržce s císařem upřeli k Valdštejnovi své naděje předáci české emigrace i protihabsburské mocnosti (Švédsko, Francie). Ferdinand II. však Valdštejnovu hru prohlédl a vydal příkaz k jeho fyzické likvidaci. Dne 25. 2. 1634 byl Valdštejn se svými spolupracovníky zavražděn v Chebu. Jeho smrt znamenala další konfiskace a rozsáhlé majetkové přesuny ve prospěch habsburských exponentů. Po třicetileté válce, která v roce 1648 skončila marným pokusem švédských vojsk obsadit Prahu, drželi téměř polovinu šlechtického majetku v Čechách příslušníci cizích rodů. Je nespornou skutečností, že počet národně uvědomělé šlechty klesal, což se zákonitě odrazilo v následujícím politickém a kulturním vývoji.

25. 2. 1634
Zavraždění Albrechta z Valdštejna v Chebu

■ Třicetiletá válka po sobě zanechala zdevastovanou ekonomiku a zároveň zredukovala počet obyvatel přibližně o třetinu. Cesta z úpadku byla dlouhá a bolestivá. Poddaní rolníci museli platit vysoké daně, ale především byli připoutáni k půdě (bez souhlasu vrchnosti se nesměli stěhovat a museli plnit robotní povinnosti na panských

1680
Velké selské povstání

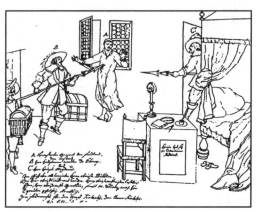

Zavraždění Albrechta z Valdštejna.

Jan Amos
Komenský
(1592–1670),
„učitel národů".

Barokní umění
v českých zemích

pozemcích). I když tento systém nedosáhl v českomorav-
ském prostoru tak těžkých forem jako v Rusku či Polsku,
sedláci se s ním nehodlali smířit a několikrát proti němu
povstali, nejsilněji roku 1680. Nejtíživější poměry trvaly
do počátku 18. století, potom se ekonomika na vesnici i ve
městech začala zotavovat.

■ Dokladem jsou četné měšťanské domy i vesnické
statky, vybudované v barokním stylu, který v českých ze-
mích zapustil kořeny po třicetileté válce. Baroko vtisklo
tvářnost českým městům a vesnicím na několik století.
Charakteristickými stavbami barokní architektury jsou
však církevní objekty, šlechtická sídla (zámky a paláce
s tzv. francouzskými parky), ale i různé účelové objekty
(sýpky, špitály). Mezi nejvýznačnější barokní architekty
v Čechách patří K. I. Dientzenhofer a J. B. Santini-Aichl,
ze sochařů vynikli Ferdinand Brokof a M. B. Braun (oba
se podíleli na vzniku galerie plastik na pražském Karlově
mostě), z malířů Petr Brandl, Karel Škréta a V. V. Reiner.
Evropsky proslulou záležitostí se stalo české a moravské
hudební baroko. Skladby Adama Michny či F. X. Brixiho
se dodnes hrají stejně jako stovky opusů méně známých
kantorů. České baroko se může chlubit i svým světcem,
jímž je svatý Jan Nepomucký, svatořečený roku 1729,
v době posledního vzepětí protireformace.

■ Centralizovaná absolutistická habsburská monarchie se na přelomu 17.-18. století zařadila mezi evropské velmoci i zásluhou vojenských úspěchů. Zahrnovala země Koruny české (nyní bez obojí Lužice, kterou získalo roku 1635 Sasko), rakouské oblasti, Uhry, odkud ustupovali Turci, i další území. Mocný soupeř však Habsburkům vyrostl v sousedství. Bylo jím Prusko bojovného krále Friedricha II., který s odůvodněním, že neuznává dědická práva Marie Terezie (1740-1780), hodlal anektovat průmyslově vyspělé oblasti Slezska. To se mu také podařilo ve vleklé válce o dědictví rakouské (1741-1748), která probíhala i na českém území. Na připojení velké části Slezska a Kladska k Prusku nezměnila nic ani tzv. sedmiletá válka (1756-1763).

1741-1748
Válka o dědictví rakouské; ztráta většiny Slezska

■ Porážky v zápasech s Pruskem ukázaly přežilost centralistického absolutismu. Proto Marie Terezie ustoupila od linie svých předchůdců a v duchu osvícenských zásad se snažila přebudovat habsburské soustátí tak, aby se vyrovnalo vyspělým evropským velmocím, jakými byly Anglie a Francie. Nedílnou složkou osvícenských reforem bylo vytvoření školské sítě (povinná školní docházka zavedena roku 1774), pozornost věnovaná reorganizaci správy (panovnice zrušila českou dvorskou kancelář, čímž fakticky učinila tečku za českou státní individualitou) i důraz na rozvoj zemědělské a průmyslové výroby. Po ztrátě většiny Slezska se právě české země měly stát průmyslovou základnou monarchie, zatímco Uhry se měly specializo-

1781
Patent o zrušení nevolnictví v Čechách

Robotní patent.

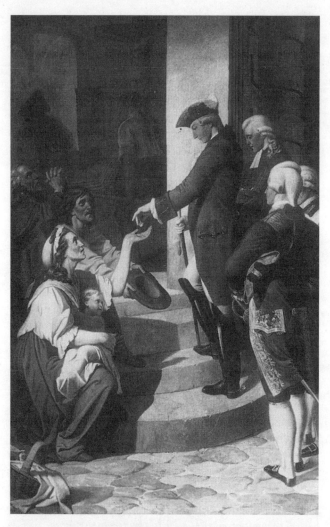

Josef II.
(1741-1790) udílí
roku 1772 v Praze
za velkého hladu
almužnu.

vat na zemědělskou produkci. Dovršením osvícenských reforem bylo 13. 10. 1781 vydání tolerančního patentu, který legalizoval luterské, kalvínské i pravoslavné vyznání, a 1. 11. 1781 patentu o zrušení tzv. nevolnictví v Čechách, na Moravě a ve zbytku Slezska (robotu zlikvidoval až revoluční rok 1848). K jeho odstranění významně přispělo poslední velké selské povstání roku 1775. Zveřejnění obou zásadních aktů bylo spojeno již s jménem císaře Josefa II. (1780-1790), syna Marie Terezie.

■   Osvícenské reformy řídil stát, který málo přihlížel k specifikům jednotlivých oblastí mnohonárodnostní habsburské říše. Právě tato okolnost spolu s necitlivým zaváděním němčiny a omezováním české svébytnosti podnítily opětovný růst českého národního vědomí a stály na počátku etapy formování novodobého českého národa. Tento proces, který začal na konci 18. století a pokračoval až do šedesátých let 19. věku, se tradičně nazývá *národní obrození*. Prvotní snaha obrozenců povznést úroveň českého jazyka a vytvořit plnohodnotnou českou národní kulturu v sobě bezděčně skrývala politický podtext. Kulturní emancipace českého národa, zbaveného v průběhu 17. a 18. století politické svébytnosti, nutně předjímala úsilí po znovuobnovení české státnosti. V první polovině 19. století nebyly poměry těmto snahám příznivé. Po napoleonských válkách, které zasáhly i na české a moravské území (slavné Napoleonovo vítězství nad ruskými a ra-

Revoluce v roce 1848: svatodušní povstání v červnu 1848.

kouskými vojsky 2. 12. 1805 u jihomoravského Slavkova), přitvrdil rakouský absolutismus, spjatý se jménem knížete Metternicha, dohled nad pokusy o národní emancipaci a účinně je brzdil.

1848
Revoluční události
v Čechách

■ Naděje obrozenců nesplnil ani revoluční rok 1848, kdy česká reprezentace poprvé vystoupila s ucelenými politickými požadavky. Představovaly jej návrhy přebudovat habsburskou říši na federalistickém principu, který by respektoval práva slovanských národů (tzv. austroslavismus). Rozpuštění říšského sněmu, zasedajícího v moravské Kroměříži (7. 3. 1849), vydání oktrojované ústavy, zásahy proti opozičním představitelům (internace oblíbeného novináře Karla Havlíčka Borovského v jihotyrolském Brixenu) i do činnosti obrozenských kulturních institucí, k nimž náleželo roku 1818 založené pražské Národní muzeum a v roce 1831 zřízená Matice česká, tyto sny zmařilo.

Industrializace
českých zemí

■ Dusné politické ovzduší v letech 1851–1859 (tzv. Bachův absolutismus) však neutlumilo hospodářskou aktivitu. Po polovině století se české země proměnily v jednu z nejprůmyslovějších oblastí střední Evropy. Do obecného povědomí vstupovaly takové podniky jako Vítkovické železárny, Škodova továrna v Plzni či plzeňský Měšťanský pivovar. Chloubou českého průmyslu se v této době stávalo cukrovarnictví. Neobyčejně hustá železniční

Kníže Klement
Metternich
(1773–1859).

František Josef I.
(1830–1916)

síť spojila českomoravský prostor s Evropou i jednotlivá průmyslová centra v českých zemích. Vedle Prahy se koncentrovala průmyslová výroba na Ostravsko, Kladensko (hutě a těžba uhlí), do Brna (strojírenská výroba), severních (sklářství) a severovýchodních Čech (textilní výrobky). Prudký industriální rozvoj Podkrušnohoří (uhelné doly, chemická výroba), spojený s těžkou devastací krajiny, nastal v závěru 19. století.

■ Teprve uvolnění po roce 1860, kdy se císař František Josef I. slavnostně vzdal absolutismu a kdy se habsburské soustátí vydalo cestou vytváření občanské

Staročeši a mladočeši – první české politické strany

Národní divadlo. společnosti, znamenalo oživení českých politických snah. Mocný impuls jim dodalo vydání tzv. únorové ústavy 26. 2. 1861, na jejímž základě proběhly první volby do zemských sněmů i do vídeňské říšské rady, parlamentu celého habsburského soustátí. V čele české národní strany stanuli historik František Palacký (1798–1876), autor monumentálních Dějin národu českého v Čechách a v Moravě, a jeho zeť František Ladislav Rieger (1818–1903). Jejich opatrná, leč prozíravá politika vzbuzovala nesouhlas radikálněji smýšlejících kruhů české společnosti, tzv. mladočechů (vlastní politickou stranu založili až 25. 12. 1874). V zásadě však Palackého a Riegrovy „staročechy" i „mladočechy" spojovalo úsilí obnovit české státní právo a dosáhnout přeměny habsburské říše ve federaci historicky vzniklých celků.

■ Vhodná chvíle pro uskutečnění tohoto záměru nastala po roce 1866, kdy Rakousko utrpělo další těžkou porážku ve válce s Bismarckovým Pruskem (bitva u Hradce Králové 3. 7. 1866). Vídeňská vláda ustoupila v roce 1867 Maďarům a souhlasila s přeměnou dosud centralizovaného státu v Rakousko-Uhersko (tzv. dualismus). Státoprávní vyrovnání povzbudilo české politiky, kteří zahájili rozsáhlou kampaň za uznání českého státního práva a rozšíření dualismu v rakousko-uhersko-český trialismus. Téměř tři roky probíhaly mohutné mítinky (jeden z nejslavnějších se konal u příležitosti položení základního kamene pražského Národního divadla v květnu 1868), ale kýženého cíle nedosáhly. Odpor Maďarů i Němců zmařil sen o české politické svébytnosti v rámci habsburského soustátí, ačkoli její zásady byly roku 1871 zformulovány v tzv. fundamentálních článcích.

1867
Rakousko-uherské vyrovnání

■ Neúspěch v státoprávním zápase poznamenal tvář české politiky v následujících desetiletích. Její hlavní trauma pramenilo z faktu, že překotnému ekonomickému a kulturnímu rozvoji českého národa neodpovídalo jeho politické postavení. Česká politická reprezentace se až do výbuchu první světové války pokoušela, ovšem bezúspěšně, v zájmu dosažení státoprávních požadavků měnit taktiku, kolísající od pragmaticky chápané loajálnosti vůči Vídni až po radikálně nacionalistické postoje, vyvolávající v českých zemích odpor německého etnika, tvořícího zhruba jednu třetinu obyvatel a obávajícího se o své pozice. Soužití Čechů a Němců v rámci jednoho státního útvaru stále více nabývalo konfrontačních rysů.

■ V posledním desetiletí 19. věku měla již česká společnost téměř všechny rysy moderní vyspělé společnosti. Složitému sociálnímu rozvrstvení odpovídala struktura politických stran. Tradiční staročechy a mladočechy a roku 1878 založenou dělnickou Českoslovanskou sociální demokracii doplnily po roce 1890 strany křesťanskosociální, národně sociální, agrární i malá, ale vlivná realistická strana, vedená vysokoškolským profesorem T. G. Masarykem. Ve volbách roku 1907, poprvé konaných podle všeobecného hlasovacího práva, získali již nejvíce hlasů agrárníci a sociální demokraté.

konec 19. století
Diferenciace
české politiky;
vznik nových stran

■ Ačkoli v kulturní sféře od počátku obrození tradičně převažovala romantizující národní orientace, začaly se před rokem 1900 v českém umění pozvolna prosazovat moderní směry, vyjadřující změněné postavení individua v přetechnizované průmyslové civilizaci. Zároveň se česká kultura více otevřela světu a slavila velké úspěchy, zejména v hudbě (skladby Antonína Dvořáka, později i opery Leoše Janáčka), ale i v malířství (francouzské působení Alfonse Muchy). Pojmem se stala pražská secese.

■ Výstřely, které 28. června 1914 vypálil v Sarajevu atentátník Gavrilo Princip, ukončily nejen život rakouského následníka Františka Ferdinanda d'Este, ale uzavřely celou epochu. První světová válka, k níž daly bezprostřední podnět, zpustošila celou Evropu a otřásla všemi hodnotami, narušila starou sociální skladbu ve všech evropských zemích a umožnila vzestup nových vrstev. Prořídlé řady starých elit doplnili váleční zbohatlíci, muže povolané do zbraně začaly nahrazovat v zaměstnání i veřejném životě ženy, neobyčejně vzrostl vliv radikalizovaných mas i osob, které je ovládaly. Kam až mohly tyto tendence vést, dokazoval bolševický převrat v Rusku. Změny, které zasáhly střední a jižní Evropu, měly rovněž dalekosáhlý význam. Německo se stalo republikou a národy žijící na území Rakousko-uherské monarchie si vytvořily vlastní, tzv. nástupnické státy. Tak vzniklo i Československo.

■ Představitelé českého národa před válkou neusilovali o politickou samostatnost. Uvědomovali si, že jakkoli není rakouský stát Slovanům příliš nakloněn, vytváří v prostoru, kde se střetávaly zájmy Německa a Ruska, potřebnou záštitu. Tento úkol však habsburská monarchie, upadající zejména za války do stále větší závislosti na Německé říši, přestávala plnit. Ztráty na životech ve válce, kterou Češi nepřijali za svou, hospodářské obtíže, rostoucí favorizování Němců a Maďarů i policejní perzekuce českého národa – to vše jen stupňovalo nespokojenost. Vztah českého národa k monarchii se prudce zhoršil.

■ Jeho hlavní naději začala nakonec zosobňovat tzv. zahraniční akce. Její duší byl profesor Tomáš Garrigue Masaryk (1850–1937), který v roce 1915 odešel do emigrace, aby zorganizoval odboj proti Rakousko-Uhersku a u spojenců prosazoval myšlenku samostatného českého, resp. československého státu. Jeho Národní rada československá, na jejíž činnosti se vedle něj podíleli i politolog Edvard Beneš (1884–1948) a Milan Rastislav Štefánik (1880–1919), slovenský astronom a důstojník francouzského letectva, se opírala o krajanské spolky a zejména o legie, vojenské jednotky složené především z českých (v menší míře slovenských) zajatců a přeběhlíků, kteří se rozhodli samostatnost na Rakousku si vybojovat. Legie se formovaly ve Francii a Itálii, hlavně ovšem v Rusku, kde se později staly významnou složkou nezdařené protisovětské intervence.

■   Dlouho ale nebylo jasné, zda se budou západní spojenci doporučeními Národní rady řídit. Zpočátku si ještě hodně slibovali od habsburské monarchie. Doufali totiž, že by mohla i nadále vytvářet protiváhu německému kolosu. Příznivěji začali na středoevropská a balkánská národní hnutí pohlížet až po ruské únorové revoluci v roce 1917. Ruský příklad ukázal, jak slabé mohou být starobylé monarchie; spojenci proto dospěli k názoru, že nejlepší hrází vůči bolševickému nebezpečí budou samostatné národní státy.

■   Akce domácích politiků koordinoval Národní výbor, orgán, do něhož podle výsledků posledních všeobecných voleb v roce 1911 delegovaly své zástupce všechny české politické strany. Jako reprezentant zájmů veškerého národa aspiroval na úlohu vystupovat jako partner státních orgánů. Zároveň se od léta 1918 připravoval k jejich ovládnutí. Experti Národního výboru vybírali osoby, které měly převzít vedení klíčových úřadů, ze členů sportovních organizací se formovaly pořádkové hlídky i zárodky prvních vojenských oddílů. Se svými záměry se vůdčí představitelé Národního výboru – Karel Kramář, Antonín Švehla, Alois Rašín či Jiří Stříbrný – netajili. Stát, který v té době už jen čekal na svou porážku, nezakročil. Ani sám poslední císař z habsburského rodu Karel, který se ze všeho nejvíce obával utrpení občanské války, se těmto snahám nestavěl na odpor. Mohl alespoň doufat, že nově konstituovaný český stát nepřeruší s monarchií všechny svazky. V pražských ulicích by však takové názory již ohlas nenalezly.

■   Když 27. října 1918 odeslal rakousko-uherský ministr zahraničí Julius Andrássy Spojeným státům nótu, v níž jeho vláda ve snaze ukončit válku za každou cenu

Přípravy na
převzetí moci

28. říjen 1918

přislíbila i uznání práv Čechoslováků a Jihoslovanů, pochopilo úřadující předsednictvo Národního výboru, že nadešel čas. 28. října převzal Národní výbor hlavní zásobovací centrálu, Obilní ústav, a později i další úřady včetně místodržitelství. Odpoledne byla na Václavském náměstí oficiálně vyhlášena samostatnost.

Pořádek a prosperita hlavní devízou

■ Národnímu výboru i všem dalším orgánům, které na jeho činnost navazovaly, bylo jasné, že nejde o to nezávislost vyhlásit, ale především ji prosadit a udržet. Jako svou hlavní devízu přitom zastával názor, že v chaosu středoevropských poměrů, hrozících válkami a revolucemi, musí nový stát vytvořit ostrov pořádku a prosperity. Národní výbor proto také ponechal v platnosti všechny dosavadní zákony a přebíral i veškerý správní aparát. Zpočátku se mohl spolehnout také na to, že i nepopulární opatření se setkají se souhlasem drtivé většiny nadšeného českého obyvatelstva.

Německá iredenta

■ Hlavní problém pro vývoj mladého státu představovala okolnost, že ještě neměl mezinárodně uznávané hranice. Integritu jeho jádra, tedy českých zemí, ohrožovalo již od samého počátku rozhodnutí Němců, žijících v pohraničních oblastech Čech, Moravy a Slezska, ustavit čtyři separátní provincie. Ty se prohlásily za součásti rakouského státu. Podobně jako Češi zapomněli i Němci na všechny politické rozdíly a postupovali jednotně. Jejich úsilí, které se odvolávalo na zásadu národního sebeurčení, se ovšem stavěly do cesty nepřekonatelné překážky ryze praktické povahy. Oddělení od vnitrozemí vyvolávalo vážné hospodářské, zvláště zásobovací obtíže. Rovněž vítězné velmoci neměly zájem vyjít vstříc příslušníkům poraženého národa. To vše si Národní výbor uvědomoval, a když se Němci odmítli podřídit jeho autoritě, dal tyto provincie v listopadu a prosinci 1918 obsadit vojskem. 4. března 1919, kdy v Rakousku zahájil své jednání parlament, došlo v pohraničí k srážkám místního obyvatelstva s tímto vojskem. Při nich přišlo o život více než 50 osob. Už tak dost komplikované česko-německé vztahy tak byly zatíženy další vážnou položkou.

Spor s Polskem

■ Nejasná byla také hranice na Těšínsku. Na tuto oblast si totiž činilo nárok i Polsko. Dospět k dohodě se nepodařilo a definitivní rozhodnutí nepřinesly ani vojenské akce. Na zásah velmocí si sporné území nakonec oba státy rozdělily.

■ Nejvíce problémů přineslo Slovensko.

■ Vytvoření společného státu se Slováky považovali čeští domácí i exiloví politici za nezbytné. Jen tak mohl být zajištěn jeho slovanský ráz. V dané situaci přijímali toto řešení jako optimální i představitelé slovenského národa. Slováci, obývající severní oblasti uherského státu (resp. uherské části Rakousko-uherské monarchie) byli v druhé polovině 19. století vystaveni značně silné maďarizaci. Jedinou účinnou podporu pro ně představovaly kontakty se zástupci českého politického a kulturního života.

■ 30. května 1918 se v Pittsburghu dohodly české a slovenské krajanské spolky o zřízení společného státu i jeho podobě, včetně rozsáhlé autonomie Slovenska. Domácí slovenští představitelé se pro společnou budoucnost s Čechy vyslovili až v Martinské deklaraci, přijaté 30. října 1918 v Turčanském Sv. Martinu. Ti, kdo ji odhlasovali, však neměli žádnou moc uskutečnit své představy. Národní výbor proto jmenoval 4. listopadu 1918 prozatímní slovenskou vládu, v jejímž čele stál slovenský politik Vavro Šrobár. Zpočátku se Šrobárovi nedařilo zdolat odpor exponentů starého režimu a maďarského vojska; prosadil se až s podporou československé armády, která na přelomu let 1918 a 1919 obsadila Slovensko až k demarkační linii. Ta byla vytvořena víceméně podle československých potřeb na Dunaji.

Slovensko 1918

■ V souladu s vůlí rusínského národa a se souhlasem velmocí byla k československému státu připojena i Podkarpatská Rus.

■ Československé hranice byly potvrzeny mírovými smlouvami (ve Versailles – 28. června 1919, Saint-Germain – 10. září 1919 a Trianonu – 4. června 1920), které na pařížské mírové konferenci uzavřely dohodové mocnosti s poraženými státy. Požadavkům Československa, předkládaným nejvýznamnějším členem jeho delegace Edvardem Benešem, vycházely vítězné mocnosti většinou vstříc. Není divu, že Československo se stalo zastáncem nového uspořádání politických poměrů, které na základě výsledků první světové války bylo nazváno versailleským systémem.

Potvrzení hranic

■ Počátky samostatného československého státu ovlivnily svobodomyslné, demokratické ideály, vycházející původně z odkazu francouzské a americké revoluce.

Ideje, na nichž bylo založeno Československo

14. listopadu 1918 se Národní výbor prohlásil za Revoluční národní shromáždění, které sesadilo habsburskou dynastii z českého trůnu a nový stát provolalo republikou. Zároveň zrušilo šlechtické tituly a přijalo zákon o osmihodinové pracovní době. Prezidentem republiky byl jednomyslně zvolen Tomáš Garrigue Masaryk. Všeobecná autorita i skutečnost, že se nevázal na žádnou politickou stranu, dovolily, že jako nejvyšší představitel státu mohl sehrát nenahraditelnou roli nadstranického, integrujícího činitele a obdivovaného vzoru. Rezerva, kterou si v důsledku svého postavení ukládal, mu znemožňovala zasahovat přímo do politického dění. Činil tak jen prostřednictvím kruhu svých přátel. Toto seskupení, které sdružovalo politiky téměř ze všech stran a významné intelektuály, působící na veřejné mínění, se nazývalo Hrad.

T. G. Masaryk

■ Tomáš Garrigue Masaryk byl přesvědčen, že „demokracie je politickou formou lidskosti". Oprávnění nového státu viděl v tom, že Československo bude uskutečňovat humanitní ideály. K tomu vybízel všechny jeho občany: „Všichni občané dobré vůle, bez rozdílu stavu, náboženství a národnosti, mají dánu možnost vybudovati vzorný demokratický stát, jehož úkolem bude starati se o zájmy všeho svobodného samosprávného občanstva."

Ústava 1920

■ Formování československého právního a správního systému ukončila ústava, schválená 29. února 1920. Její text, do níž se promítl obsah listiny práv a svobod občana, vycházel především z ústavy USA a Francie. Jazykový zákon, který byl přijat současně s ústavou, zaručoval menšinám právo na užívání vlastní řeči. Prvořadé postavení přiznal jazyku československému, který byl prohlášen za oficiální.

Čechoslovakismus

■ V tom se odrážela mj. také specifická ideologie ČSR, čechoslovakismus, chápající český i slovenský národ jako jeden celek. Tato účelová politická konstrukce vycházela z mimořádně velké příbuznosti obou jazyků, zapomínala však na rozdíly, vyplývající z odlišných dějin a kultury.

Ekonomická situace

■ Propast, která dělila české země na jedné straně a Slovensko a Podkarpatskou Rus na straně druhé, se však nedala přehlížet v ekonomické oblasti. Čechy, Morava a Slezsko patřily k průmyslově nejvyspělejším oblastem střední Evropy. Vedle tradičních oborů, např. textilního průmyslu či sklářství se zde rozvíjelo i strojírenství, včetně

Tomáš Garrigue Masaryk (1850–1937).
Jeho zásluhy o založení Československé republiky byly
oceněny čestným titulem prezidenta Osvoboditele.

automobilového a leteckého průmyslu, elektroprůmysl, těžba uhlí, výroba obuvi atd. Vyspělé zemědělství, využívající často výhod družstevní organizace, vytvářelo předpoklady pro silný potravinářský průmysl. Tomu se nemohla nerozvinutá průmyslová výroba ve východní části státu zdaleka rovnat.

■ S tím souvisely další rozdíly. Zatímco se česká společnost vyznačovala velkou sociální a politickou diferenciací, byl slovenský národ mnohem homogennější a skládal se především z venkovského obyvatelstva. Scházel mu zejména vzdělaný a mohovitý střední stav, jehož příslušníci přejímali jazyk i způsob života vládnoucích

Rozdíly mezi
českými zeměmi
a Slovenskem/
Podkarpatskou
Rusí

maďarských vrstev. (Např. ze 400 osob, které se na slovenském území před válkou zabývaly literaturou a žurnalistikou, udávalo slovenskou národnost jen 19 – maďarskou 334 a německou 47). Slováci se nemohli opřít ani o tradici samostatného státu jako Češi. Ze všech institucí na Slovensku se největší úctě těšila katolická církev, jejíž vliv v Čechách naopak stále upadal. Československý stát usiloval o povznesení Slovenska i Podkarpatské Rusi. Šlo mu zejména o zvýšení gramotnosti a rozvoj školství, zlepšení zdravotnických a komunikačních poměrů. Tyto akce se setkaly se značným úspěchem. Rozdíly mezi Čechy a Slováky se však příliš nezmenšovaly.

Měnová reforma

■ Hospodářská politika, prosazovaná zejména ministrem financí Aloisem Rašínem, usilovala v první řadě o odpoutání od inflačního vývoje ve střední Evropě. Měnová reforma a odluka od rakousko-uherské měny (okolkování původních rakousko-uherských bankovek a zadržení zhruba 1/3 oběživa) provedená v únoru a březnu 1919 zajistila nadlouho vysoký devizový kurs koruny a spolu s úporností ve státních výdajích přispěla k udržení hospodářské stability. Na druhé straně však tento postup podvázal investiční aktivitu.

Pozemková reforma 1919

■ 16. dubna 1919 byl schválen zákon o pozemkové reformě, kterou byla za náhradu vyvlastněna jakákoliv půda nad 250 hektarů (resp. zemědělská půda nad 150 hektarů) a prodána menším zemědělským výrobcům. Pozemková reforma přispěla k posílení pozic agrární strany, která ji připravovala, kromě toho vedla také k oslabení sociálních rozporů na vesnici.

Radikalizace dělnictva

■ Zklidnit obdobným způsobem sociální situaci ve městech se nepodařilo. Na radikalizaci dělnictva, trpícího poválečným rozvratem hospodářství, se podílela i agitace těch válečných navrátilců, kteří se v sovětském Rusku nadchli pro bolševické ideály. Stejně působily i zprávy o vyhlášení Slovenské republiky rad, která vznikla 16. června 1919 na východním Slovensku pod přímým ideovým i vojenským vlivem Maďarské republiky rad. Slovenská republika rad závisela na podpoře maďarské Rudé armády, po jejímž stažení 7. července 1919 padla. Na krátkou dobu se nicméně zdálo, že se tak naplňuje přestava o socialistické revoluci, zachvacující celý svět.

■ Požadavek rozsáhlých sociálních změn se projevil i v počtu hlasů, které ve volbách v červnu 1919 (komunální volby) i dubnu1920 (volby do parlamentu) dostali čeští i němečtí sociální demokraté. Obě strany však byly od přelomu let 1919/20 rozděleny na pravici a mnohem početnější levici, inklinující ke komunismu. Vláda, kterou z představitelů své strany a agrárníků vytvořil sociální demokrat Vlastimil Tusar, nemohla za těchto okolností fungovat a podala demisi. Konfrontaci obou proudů vyhrotil boj o majetek strany. Levice, která v něm neuspěla, vyhlásila 10. prosince 1920 generální stávku. Stávka se sice nerozšířila po celém území, ale její průběh byl neobyčejně prudký a na některých místech se změnil v otevřený boj o moc. Tyto pokusy však úřady rázně potlačily a jejich protagonisty postavily před soud. Porážka přispěla k další radikalizaci levice, která se na ustavujícím sjezdu 14.–16. května 1921 prohlásila za Komunistickou stranu Československa (KSČ). Na podzim 1921 se s ní sjednotily komunistické strany dalších národů Československé republiky (ČSR). KSČ tedy nevznikla jako většina komunistických stran z malého revolučního jádra, vyvíjela se naopak od začátku jako masová strana.

Rozdělení sociální demokracie. Vznik KSČ 1921

■　　Rozštěpení sociální demokracie a následně i všech dalších dělnických organizací podlomilo vliv této strany i organizovaného dělnictva. Napříště už o osudech státu rozhodovaly především strany občanské.

■　　Po ročním působení úřednické vlády převzala 7. října 1922 za stát odpovědnost vláda všenárodní koalice, složené ze všech hlavních českých stran i zástupců slovenského národa. Funkce ministerského předsedy se ujal hlavní představitel agrární strany Antonín Švehla.

Všenárodní koalice

■　　Od této doby obsazovali tento úřad až do konce republiky jen příslušníci této nejsilnější české strany, která sloučením s Národní a rolnickou stranou nalezla určité zastoupení i na Slovensku a Podkarpatské Rusi. Agrárníci sdružovali velkou část venkovského obyvatelstva, jemuž mohli nabídnout hustou síť družstev a dalších hospodářských zařízení. Značný vliv si také zajistili mezi všemi kategoriemi úřednictva a státních zaměstnanců. Jejich hlavním partnerem se stala Československá strana lidová, jejíž stoupenci se rekrutovali především z katolického obyvatelstva na Moravě. O účast ve vládě stála i Národní demokracie. Spojení této strany s průmyslovými a finančními kruhy však komplikovalo její spolupráci s agrárníky, kteří prosazovali vlastní hospodářskou politiku. Působení

České strany

ve vládě se nevzdávaly ani socialistické strany. Sociální demokracie se postupně vzpamatovávala z krachu v roce 1920. Opírala se přitom o největší odborovou ústřednu – Odborové sdružení československé. Národní socialisty zase podporovaly organizace sokolů a legionářů. V letech 1923–1935 působil v této straně i Edvard Beneš.

■ V zásadní opozici jak vůči jakékoli vládě, tak proti státu jako takovému stála pochopitelně KSČ, která do republiky přenášela příkazy moskevské Komunistické internacionály. Soužití českého a slovenského národa výrazně poznamenalo, že opoziční stanoviska zastávala i nejsilnější slovenská strana – Hlinkova slovenská lidová strana. Mimořádný vliv této strany mezi silně věřícím slovenským obyvatelstvem vyplýval z její rozhodné katolické orientace. Její oblibu zvyšovalo i to, že na pražské vládě požadovala autonomii Slovenska.

■ S existencí Československa se nikdy nesmířily Německá nacionální strana (Deutsche Nationalpartei – DNP) a zvlášt Německá nacionálně socialistická strana dělnická (Deutsche national-sozialistische Arbeiterpartei – DNSAP), vycházející ze stejných myšlenkových zdrojů a tradic jako Hitlerova NSDAP. Ostatní německé strany svůj zprvu odmítavý postoj přehodnotily. Němečtí agrárníci a křesťanští sociálové vstoupili v roce 1926 do vlády, ve 30. letech je následovali i němečtí sociální demokraté. Od té doby zasedali příslušníci německého národa (např. sociální demokrat Ludwig Czech či agrárník Franz Spina) v každé československé vládě. Na protest vůči spojení agrárníků s německými občanskými stranami odešla z vlády Národní demokracie (někdejší mladočeši), která se snažila zamezit poklesu svého vlivu zesílením nacionální agitace. I socialisté vstoupili do opozice vůči této vládě, která pod vedením Švehlovým vyjadřovala upevnění pozic měšťanstva.

■ Uklidnění politické situace umožnil mimo jiné i příznivý hospodářský vývoj od poloviny 20. let. Ve většině ukazatelů výroby a životního standardu se Československo zařadilo na 10. až 15. místo na světě. Ve srovnání s rokem 1913 se objem průmyslové výroby na konci 20. let zvětšil o 20 %. Jako ve všech průmyslově vyspělých zemích se i v ČSR začala prosazovat elektrifikace, pásová výroba či racionalizace práce. Svého vrcholu dosáhly tyto postupy v továrnách „evropského Forda" – zlínského výrobce

Franz Kafka
(1883–1924)

obuvi Tomáše Bati. Významné postavení si v československém hospodářství udržovaly také Škodovy závody, které patřily mezi největší evropské zbrojovky. Jejich šance na uplatnění v obchodě se zbraněmi ještě zvýšily investice francouzského kapitálu.

■ V bouřlivém, ale pluralitním ovzduší 20. let začala i nová etapa české kultury. Její rozmach umožnila kvalitní školská soustava, která postupně obsáhla celé území státu. Školy, budované na Slovensku a Podkarpatské Rusi, poskytly šance pro všestranný vývoj slovenského a rusínského národa. Vysokou úroveň české vědy dokazuje např. činnost pozdějšího nositele Nobelovy ceny (za rok 1959) Jaroslava Heyrovského, který v roce 1925 sestrojil první polarograf. Šíření kultury napomohly i nové technické prostředky: film a rozhlas, které vedle zábavy zprostředkovaly i populární poučení.

Kultura, školství

■ Ve 20. letech začala být česká literatura uznávána i v celosvětovém měřítku. Zasloužili se o to zejména spisovatel a dramatik Karel Čapek (který mimochodem např. poprvé použil slovo „robot") a Jaroslav Hašek, tvůr-

Literatura

ce Osudů dobrého vojáka Švejka. Spisovatelé, ztělesňující podle převládajícího mínění „svědomí národa", považovali za svou povinnost vystupovat na obranu humanistických a demokratických hodnot. Tak se vedle Karla Čapka angažoval např. i novinář a spisovatel Ferdinand Peroutka či kritik F. X. Šalda. Mnoho autorů se netajilo svým sociálním cítěním a levicovým smýšlením – vedle hlavního tvůrce sociální poezie Jiřího Wolkra např. Jaroslav Seifert. Básník Vítězslav Nezval společně s Karlem Teigem, všestranným teoretikem mnoha uměleckých oborů, vytvořil nový umělecký, zvláště literární směr poetismus. Poetismus byl jistou českou variantou surrealismu, s nímž potom splynul. Vedle levicové ideové orientace se prosazovali i umělci, formovaní svou náboženskou vírou, např. Jaroslav Durych, Jan Zahradníček. Českou literární a výtvarnou scénu také výrazně obohacovalo Osvobozené divadlo Jiřího Voskovce a Jana Wericha.

Pražská německožidovská literatura

■ Význam pražské německé (resp. německožidovské) kultury byl oslaben úmrtím Franze Kafky a Rainera Marii Rilkeho (1924, resp. 1926) i odchodem Franze Werfela. Kontinuitu s předchozím vývojem zajišťovali zejména Max Brod a novinář Egon Erwin Kisch. K nim přistupovali další autoři jako např. Johannes Urzidil. Německá kultura se opírala o dvě vysoké školy, mnoho nakladatelství, novin, bohatou síť škol, muzeí, divadel a v československém státě se mohla bez potíží vyvíjet. Hrozilo jí ovšem určité ustrnutí v akademismu.

Výtvarné umění, hudba

■ Z moderních výtvarných směrů zapustil v Čechách kořeny především kubismus, který se prosadil nejen v malířství, nýbrž i v architektuře či uměleckém řemesle. Kubismus fascinoval mnoho malířů. Kubistickou etapou prošli i ti, kteří si později – jako např. Václav Špála, Josef Čapek či Jan Zrzavý – vytvořili vlastní svébytný styl. Dalším výrazným směrem, který zapůsobil na české malířství, byl surrealismus, což dokládá dílo Jindřicha Štyrského, Josefa Šímy či Toyen (Marie Čermínové). Monumentální plastika navazovala na starší českou tradici, významní čeští sochaři, např. Jan Štursa a zejména Josef Mařatka, se učili také z odkazu Augusta Rodina. Přínos pro evropské umění znamenala i česká architektura, spojená s tvorbou Adolfa Loose, Le Corbussiera či s okruhem Bauhausu. Stavba nových veřejných budov či tvorba urbanistických celků (např. Hradce Králové, Zlína) v duchu konstruktivismu a funkcionalismu dala široké možnosti uplatnění Josefu Gočárovi, Pavlu Janákovi, Karlu Honzíkovi, Josefu Havlíčkovi, F. L. Gahurovi a dalším. Největšího uznání ve světě se asi dostalo české hudbě, kterou v této době reprezentovali takoví skladatelé jako Leoš Janáček, Bohuslav Martinů nebo Josef Suk. Vážnou hudbu komponoval také Jaroslav Ježek, který se do povědomí veřejnosti především zapsal písněmi, složenými pro Osvobozené divadlo.

■ Nástup jazzu a filmu signalizoval výrazné změny v životním stylu. Zlepšující se hospodářská situace dovolovala většímu množství rodin trávit letní dovolenou v Jugoslávii a v zimě zajet alespoň na týden do nových lyžařských středisek v Krkonoších či Vysokých Tatrách. Kromě politiky začali lidé sledovat v novinách i sportovní rubriky, které obsáhle referovaly zejména o kopané, a mladí lidé se setkávali na tenisových kurtech stejně samozřejmě jako jejich rodiče na plesech.

Životní styl

■ Prosperita, dosažená v podmínkách národní samostatnosti, utvrzovala převážnou většinu českého obyvatelstva v přesvědčení, že cesta, kterou se na konci války vydalo, je správná. I mezi členy komunistické strany, která se k poválečnému vývoji ve střední Evropě stavěla naprosto odmítavě, se začaly šířit pochybnosti o perspektivách vlastního hnutí. V důsledku rozporu mezi dogmaty a skutečností upadla strana v roce 1928 do hluboké krize. Komunistická internacionála, která již delší dobu prosazovala bolševizaci všech komunistických stran, tedy bezvýhradné podřízení moskevskému centru, této situace využila a v následujících sporech podpořila mladého, ambiciózního funkcionáře Klementa Gottwalda, jehož názory přesně odpovídaly oficiální linii Kominterny. Nástup levičáckého Klementa Gottwalda na V. sjezdu 18.–23. února 1929 do vedení stranu dost poškodil. Ztratila řadu členů i voličů (včetně velké skupiny intelektuálů), kteří Gottwalda odmítli pro jeho dogmatické názory i pro způsob, jakým se prodral do čela strany.

Bolševizace KSČ 1929

■ Výrazné oslabení komunistické strany netrvalo dlouho. Zasloužila se o to především velká hospodářská krize, která přinesla opět dobu sociálních zápasů. V ČSR se krize projevila se zpožděním až v roce 1930 a vrcholu dosáhla v roce 1932. Průmyslová výroba v ČSR poklesla o 40 %, ostatní odvětví hospodářství byla postižena jen

Hospodářská krize na počátku 30. let

o něco méně. Důsledky krize pro československou ekonomiku násobil do značné míry její exportní charakter, protože obdobně postižené země se proti dovozu bránily vysokými cly. Nejtíživějším důsledkem krize byla nezaměstnanost. V roce 1932 dosáhl počet nezaměstnaných podle oficiálních údajů jednoho milionu a ve skutečnosti byl asi ještě o čtvrtinu větší.

Růst nacionalismu v ČSR

■ Krize a tedy i nezaměstnanost zasáhla hlavně lehký průmysl v německém pohraničí. Pokles cen zemědělských výrobků výrazně poškozoval i slovenské obyvatelstvo. To byla živná půda k růstu nacionalistických nálad. Ale i české obyvatelstvo demonstrovalo svou nespokojenost. Státní moc odpovídala rovněž nesmlouvavě, růstu sociálního a politického napětí a radikalizaci levicových i pravicových proudů však nemohla zamezit. Na všech stranách sílilo přesvědčení, že tato krize ohlásila konec volného liberálního hospodářství a že z tohoto faktu je třeba vyvodit poučení i pro uspořádání společnosti. Demokracie v dosavadní formě se zdála být překonaná, slabá, neefektivní; lék na její neduhy byl spatřován v důraznějších zásazích státu do všech sfér společenského života. Vláda, kterou po smrti A. Švehly vedli František Udržal a od roku 1932 Jan Malypetr, se snažila ovlivňovat hospodářskou situaci, ale bez významného úspěchu. Regulaci doporučovali zejména socialisté, kteří do vlády v roce 1929 opět vstoupili.

■ Kromě komunistů bojovali proti demokratickým formám i fašisté a nacionalističtí extrémisté. Český fašismus zůstal omezen jen na okraj politické scény. Organizace jako Národní obec fašistická nebylo možno brát příliš vážně. Větší roli hrálo až Národní sjednocení, vzniklé v dubnu 1935 spojením Národní demokracie s různými fašistickými skupinami. Přesto ani tato organizace nezískala větší vliv. Na Slovensku se naopak stále více prosazovala Hlinkova slovenská lidová strana, která se už neskrývala svým odporem vůči československému státu.

Vznik Sudetendeutsche Partei

■ Nejzávažnější byl vývoj v německém prostředí. Činnost Německé nacionální strany a Německé nacionálně socialistické strany dělnické byla v roce 1933 zastavena pro spojení s organizacemi nacistického Německa a pro podvracení republiky. Jejich stoupenci potom v čele s dosud politicky neangažovaným Konrádem Henleinem vytvořili 2. října 1933 Sudetoněmeckou vlasteneckou frontu (od roku 1935 Sudetoněmeckou stranu - Sudetendeutsche Partei, SdP). Tato strana se zpočátku nestavěla nepřátelsky vůči státu, a proto proti ní nemohly být námitky. Brzy se však do jejího vedení prosadili nacisté, kteří z ní s Henleinovým vědomím učinili Hitlerovu „pátou kolonu". Postupně pohlcovala ostatní strany německého měšťanstva a odebrala mnoho voličů i německým sociálním demokratům a komunistům.

■ Za těchto okolností stoupal význam vnějšího zabezpečení. Ve dvacátých letech ohrožovaly Československo nejvíce nároky Maďarska na revizi versailleského systému. Proti nim byla namířena tzv. Malá dohoda, systém smluv mezi ČSR, Jugoslávií a Rumunskem. Rozdílné hospodářské zájmy však nedovolovaly Malou dohodu skutečně stmelit. 25. ledna 1924 uzavřelo Československo ještě smlouvu s tehdy nejsilnějším evropským státem - Francií. Její význam se neobyčejně zvýšil v lednu 1933, kdy v Německu převzali moc nacisté, netající se svými agresivními záměry. Hlavní architekt československé zahraniční politiky Edvard Beneš si uvědomoval nebezpečí, jemuž byla republika vystavena. Ve srovnání s obdobím po I. světové válce Francie slábla. Jakmile v roce 1929 začala stavět systém opevnění na francouzsko-německých hranicích - Maginotovu linii, bylo jasné, že se k ofenzivnímu zákroku proti Německu neodhodlá. A přitom zachránit přepadené Československo by mohl jen rozhodný útok francouzských vojsk, vázající co největší německé síly. Beneš proto zesílil svou aktivitu ve Společnosti národů, jíž bylo Československo zakládajícím členem, a podporoval koncepci kolektivní bezpečnosti, kterou na její půdě prosazoval Sovětský svaz. V rámci sblížení mezi Francií a SSSR byla 16. května 1935 uzavřena i československo-sovětská smlouva, podle níž měl Sovětský svaz přijít Československu na pomoc v případě, že tak učiní Francie.

Zahraniční politika ČSR v 20. a 30. letech

■ Na sílící ohrožení reagovala demokratická veřejnost v ČSR vzrůstem odhodlání a antifašistických nálad. S pochopením byly přijímány rostoucí výdaje na armádu i na stavby pohraničního opevnění. Důležitým mezníkem byla volba prezidenta republiky po Masarykově abdikaci v roce 1935. Po složitých jednáních se jím 18. prosince 1935 stal Edvard Beneš, demonstrující kontinuitu dosavadní politiky. Jak odpovídalo jeho schopnostem i ambi-

Odhodlání k obraně

cím, převzal tento mezinárodně uznávaný politik zodpovědnost za celý stát.

■ Nepřátelství Německa zvyšovala skutečnost, že ČSR přijímala všechny antifašistické emigranty – zrovna tak jako ve dvacátých letech uprchlíky z Ruska a Ukrajiny. Kromě neznámých, prostých lidí nacházelo útočiště v Československu i mnoho vynikajících představitelů německé kultury. Thomasu a Heinrichu Mannům bylo uděleno československé státní občanství. Azyl v ČSR získali i spisovatelé Lion Feuchtwanger, Arnold Zweig, Bertold Brecht, Jakob Wassermann, malíř Oskar Kokoschka. V československém exilu sepsal značnou část svých pamětí bývalý německý říšský kancléř Philipp Scheidemann.

Diplomatická izolace ČSR

■ V průběhu roku 1937 se Československo dostávalo stále více do mezinárodní izolace. Západní mocnosti nedokázaly na akce, jimiž Hitler zkoušel jejich odhodlanost, náležitě zareagovat. Vzmohly se maximálně vždy jen na verbální protesty. Prakticky provozovaly politiku appeasementu – politiku ústupků a usmiřování; doufaly, že Německo zaměří svou expanzi na východ. V tom se – dočasně – nemýlily. Prvním samostatným státem, který Hitler zabral, bylo v březnu 1938 Rakousko. Tak se československá hranice s Německem opět prodloužila, přičemž na novém úseku nebyla chráněna opevněním. Obklíčení Československa se uzavíralo... Jako Hitlerův nástroj k likvidaci ČSR fungovala především SdP, která vystupovala jako mluvčí všech sudetských Němců. Beneš i československá vláda, v jejímž čele stál od 5. listopadu Milan Hodža, se snažili vyřešit všechny problémy smírně. Berlín však Henleinovi nařídil, aby své požadavky stále stupňoval a za žádnou cenu nepřistupoval na nějaký kompromis. Řešením sudetského problému mohlo být jen rozbití Československa. Této situace využívala náležitě i Hlinkova slovenská lidová strana, která si vedla také stále sebevědoměji.

Nátlak na ČSR

■ Ještě nebylo všechno ztraceno, energicky uplatněná síla celé mezinárodní koalice by Hitlera zastavila. Hlavní snahou Francie i Velké Británie však bylo vyhnout se válce, na niž se přes četná varování nepřipravovaly. Obě země vyvíjely proto na Československo velký nátlak. Přály si, aby se krize vyřešila ke spokojenosti Adolfa Hitlera, na úkor spřátelené země, za jejíž bezpečnost se Francie zaručila. Součástí tohoto nátlaku byla i mise lorda

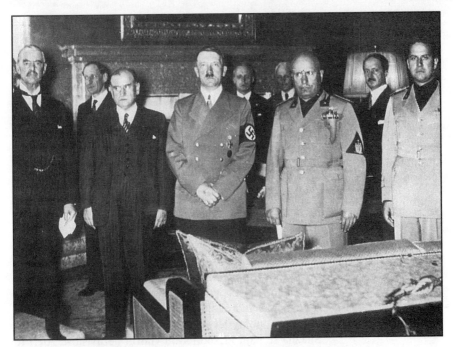

Mnichovská dohoda rozhodla o osudu Československa.

Waltera Runcimana, který na přelomu srpna a září navštívil Československo. Jeho dobrozdání, že Češi a Němci nemohou žít v jednom státě, vycházelo z informací, které Runcimanovi poskytli jeho sudetoněmečtí hostitelé. Přesto se stalo základem další strategie západních mocností, které Hitlerovi za udržení míru nabídly odtržení pohraničních oblastí Československa a připojení k Německu.

■ Toto řešení bylo nakonec zpečetěno mnichovskou dohodou, uzavřenou v noci z 29. na 30. září 1938 mezi zástupci Itálie (Benito Mussolini), Německa (Adolf Hitler), Francie (Édouard Daladier) a Velké Británie (Neville Chamberlain). Československo se chtělo až do poslední chvíle bránit. Toto odhodlání dokazovaly dvě mobilizace, vyhlášené 20. května a 23. září 1938. Obě nalezly mezi československým obyvatelstvem jednoznačný nadšený ohlas. Na podporu republiky vystupovali i demokraticky smýšlející občané německého původu.

■ Samotné Československo, opuštěné spojenci, nemohlo ale přímou konfrontaci s Německem vydržet. Prezident Beneš, jednající v časové tísni a pod mimořádným

Mnichovská dohoda 29. září 1938

Přijetí mnichovského diktátu

tlakem, se proto rozhodl překročit své pravomoci a nadiktované podmínky na vlastní zodpovědnost, bez souhlasu parlamentu přijmout. 5. října 1938 Edvard Beneš abdikoval a 22. října odletěl do Velké Británie.

■ Mnichov zanechal v národu hlubokou nedůvěru v západní spojence a poznamenal ho nadlouho těžkou depresí z vlastní slabosti. Trauma, způsobené porážkou bez boje, tížilo pak společnost i její politickou reprezentaci neméně než důsledky porážky v boji.

Druhá republika

■ Přijetím mnichovského diktátu se Československo zavázalo k odstoupení území, obydleného sudetskými Němci, kde po připojení k Říši okamžitě vypukl nacistický teror. V dalších měsících muselo Československo vyhovět i teritoriálním nárokům Polska (v oblasti Těšínska a Spiše) a Maďarska (jižní oblasti Slovenska a Podkarpatské Rusi). Republika tak přišla o pohraniční opevnění, významná ložiska uhlí, část lehkého průmyslu i některé železniční uzly. Celková rozloha státu se zmenšila asi o 1/3. Za těchto okolností se republika už vůbec nemohla bránit ani pomýšlet na samostatnou zahraniční politiku. Snažila se hájit alespoň svou vnitřní nezávislost. Ale i to bylo těžké. Kapitulace před Hitlerem povzbudila extrémní živly, nepřátelské demokracii. O demokratickém uspořádání společnosti začala pochybovat i značná část české veřejnosti.

Česko-Slovensko

■ Oslabení státu využila Hlinkova slovenská lidová strana a společně s dalšími slovenskými občanskými stranami vyhlásila 6. října požadavek autonomie Slovenska. Již 7. října byla ustavena první slovenská autonomní vláda v čele s Jozefem Tisem a později i podkarpatoruská autonomní vláda. Tyto změny potvrdil 19. listopadu 1938 zákon o autonomii Slovenska a Podkarpatské Rusi. Oficiální název státu pak zněl Česko-Slovensko. Prezidentem tohoto státu byl 30. listopadu zvolen Emil Hácha, dosavadní předseda Nejvyššího správního soudu.

Změny ve vnitřním uspořádání

■ Nová politická realita vyvolávala u obyvatelstva zoufalství, zároveň však odhodlání k dalekosáhlým změnám. S ohledem na kritickou hospodářskou situaci si ohlas získávaly především snahy o utužení státní autority, omezování individuálních výsad a svobod apod. Ze stran pravice a středu vznikla Strana národní jednoty, jejíž předák, bývalý agrárník Rudolf Beran, se stal ministerským předsedou. Ze sociálních demokratů a části národních socialistů se zformovala Národní strana práce. Obdobně se začaly sjednocovat i odborové organizace. Činnost KSČ byla nejprve pozastavena, později úplně zakázána – stranu však nepostihly perzekuce. Parlamentní ráz demokracie dostal největší ránu tzv. zmocňovacím zákonem, který na dva roky dovoloval vládě nahrazovat zákony vlastními nařízeními a dokonce jimi i měnit ústavu.

■ Česko-Slovensko usilovalo o to, aby s Německem vycházelo co nejlépe. Tato politika, zastávaná zejména ministrem zahraničí Františkem Chvalkovským, však nenacházela odpovídající odezvu. Hitlerovi nešlo o dobré vztahy s Česko-Slovenskem, nýbrž o jeho ovládnutí. Použil k tomu snahy slovenských separatistů, kteří za pomoci svých úderných oddílů – Hlinkových gard – ovládli slovenskou politickou scénu. 14. března 1939 ohlásil slovenský autonomní sněm ve shodě s požadavky A. Hitlera samostatný Slovenský stát. (Jedním z prvních kroků tohoto státu byl mj. odsun Čechů.)

■ Hácha, doprovázený Chvalkovským pak byl při návštěvě Berlína donucen akceptovat německé rozhodnutí. 15. března 1939 okupovala německá vojska české země a 16. března vyhlásili okupanti Protektorát Čechy a Morava.

■ Výnos Adolfa Hitlera z 16. března 1939 zaručoval protektorátu autonomii a vlastní správu, žádné rozhodnutí však nesmělo ohrozit zájmy říše. Protektorát neměl vlastní zahraniční zastoupení, jeho armáda – vládní vojsko – mohla plnit jen pomocné úkoly. Protože byla povolena jen jedna politická strana – Národní souručenství, neexistoval ani parlament. V čele protektorátu stál Emil Hácha jako státní prezident a vláda. Skutečnou moc měl říšský protektor Konstantin von Neurath a jeho úřad, v němž zaujal rozhodující místo sudetský Němec Karl Hermann Frank. Protektorátní správu kontrolovali Němci prostřednictvím nižších orgánů – landrátů, na území protektorátu působily všechny německé bezpečnostní a policejní složky – zejména Sicherheitsdienst a gestapo. Jejich pozornost se zaměřila na všechny odpůrce „nového pořádku" z řad českého i německého obyvatelstva. Především jim museli uniknout němečtí emigranti, což se ještě před 15. březnem 1939 většinou podařilo.

Zřízení
Protektorátu
Čechy a Morava
16. března 1939.
Nacistická
politika
vůči protektorátu

■ Zanedlouho po zřízení protektorátu v něm začaly platit protižidovské norimberské zákony. „Arizací" se

Příjezd německých okupantů do Brna 15. března 1939.

Němci zmocnili židovského majetku a v říjnu 1941 došlo i na „konečné řešení" židovské otázky, tj. odvoz Židů do vyhlazovacích táborů. Mezi rokem 1941 a 1945 prošlo přechodným shromaždištěm židovského obyvatelstva v městě Terezín, který proslul jako „brána k smrti", 73 608 Židů. Později měli být vyhlazeni, vysídleni či germanizováni i Češi, za války však Němci potřebovali protektorát hlavně jako bezpečné zázemí, plnící spolehlivě úkoly průmyslové a zbrojařské výroby. Do protektorátu zavedli Němci principy řízené ekonomiky a celé protektorátní hospodářství podřídili svému dohledu a svým válečným cílům. Německé koncerny pronikly navíc kapitálově do českých podniků, na nichž měly zájem. Usnadnil jim to nucený kurs koruny vůči marce v poměru 10:1.

■ Okupace znamenala pro české obyvatelstvo další šok, další ponížení. Na druhé straně vyvolala o to větší rozhořčení a odhodlání nepodlehnout nátlaku. Posilu nacházel národ zejména v kultuře – v básních Jaroslava Seiferta, Františka Halase, Vladimíra Holana, v esejích Václava Černého. V atmosféře obecného ohrožení se zvýšil zájem o díla, připomínající jistoty národní existence – rodný kraj, vlast, dějiny. Každé takové dílo, např. Obrazy z dějin národa českého Vladislava Vančury, bylo vlastně také polemikou s nacistickou propagandou, zdůrazňující závislost českého vývoje na německém. Obdobné povzbuzení znamenala i divadelní představení a koncerty klasické české hudby.

Česká kultura

■ Svou nespokojenost dávalo české obyvatelstvo najevo manifestační účastí na různých národních oslavách. Jasně politického rozměru nabyla demonstrace konaná 28. října 1939 k výročí vzniku ČSR. Při ní byl německým policistou smrtelně postřelen student medicíny Jan Opletal. Dalších demonstrací při jeho pohřbu pak okupanti využili k zatím nejbrutálnějšímu zásahu: 17. listopadu 1939 byly uzavřeny všechny české vysoké školy, mnoho studentů bylo odvezeno do koncentračních táborů a 9 předáků studentského hnutí zastřeleno. Těmito represemi chtěli okupanti podlomit sílu české inteligence jako vůdčí složky národa. Zároveň tak ale upozornili na svou brutální akci celý svět. 17. listopad se potom stal Mezinárodním dnem studentstva.

17. listopad 1939. Uzavření českých vysokých škol

■ Na jaře 1939 se začaly formovat první odbojové organizace. Z blízkých spolupracovníků E. Beneše vznik-

Počátky domácího odboje

lo Politické ústředí. Aktivní i záložní důstojníci vytvořili Obranu národa. Představitelé české kultury se spojili v Petičním výboru Věrni zůstaneme. Na jaře 1940 se tyto skupiny sjednotily ve společné centrále Ústřední vedení odboje domácího (ÚVOD). Přes ztráty, způsobené nacistickým bezpečnostním aparátem, se českému odboji podařilo dosáhnout slušných úspěchů, zejména ve zpravodajské činnosti. Samostatně se vyvíjel komunistický odboj, zpočátku zmatený sovětsko-německou smlouvou. Jasnou orientaci získal až po napadení Sovětského svazu hitlerovským Německem v červnu 1941.

Zahraniční odboj

■ Souběžně pokračovala i organizace zahraničního odboje. Komunisté měli své přirozené centrum v Moskvě, představitelé ostatních stran, kterým se podařilo proniknout do emigrace, se začali soustřeďovat v Londýně kolem Edvarda Beneše, kerý se ihned po okupaci českých zemí opět vrátil do politického života. Proti svým konkurentům na vedoucí místo v odboji (zejména proti Milanu Hodžovi či čs. vyslanci ve Francii Štefanu Osuskému) se těžko prosazoval. Zpočátku nechtěly jeho aktivitu, směřující k obnově Československé republiky, brát na vědomí ani vlády Francie a Velké Británie, které trvaly na mnichovské dohodě. Po porážce Francie se Čs. národní výbor 9. července 1940 rozhodl vytvořit v Londýně prozatímní státní zřízení v čele s E. Benešem jako prezidentem. Předsedou vlády se stal msgre Jan Šrámek.

Českoslovenští vojáci v zahraničí

■ Po začátku II. světové války 1. září 1939 vystoupila do popředí i vojenská stránka odboje. První boje prožili uprchlí českoslovenští vojáci v Polsku, kde se vytvořil Legion Čechů a Slováků. Po porážce Polska byli potom jeho příslušníci společně se svým velitelem Ludvíkem Svobodou internováni v Sovětském svazu. Do bojů mohli zasáhnout až v březnu 1943 u obce Sokolovo. Ve Francii byly zformovány dva československé pěší pluky, které v červnu 1940 zasáhly do ústupových bojů. Předtím vstupovali občané bývalé ČSR ještě do francouzské cizinecké legie. Naprosto mimořádné zásluhy si získali čs. letci, kteří se z Polska a Francie stáhli do Velké Británie, kde se významnou měrou podíleli na bitvě o Anglii. V rámci britských sil na Středním východě bojoval čs. pěší prapor, později protiletadlový pluk, který se od října 1941 do března 1942 a v první polovině roku 1943 vyznamenal při obraně Tobruku.

■ Zapojení do vojenských operací proti nacistickému Německu posílilo pozice československého exilu. 18. července 1941 uznala čs. vládu v zahraničí definitivně Velká Británie a téhož dne i SSSR. 30. července se k nim připojily i USA.

■ V létě 1941 se výrazně aktivizoval i domácí ilegální odboj. ÚVOD a nové ilegální vedení KSČ dosáhly dohody o vytvoření společného orgánu – Ústředního národně revolučního výboru Československa. Obdobnou organizací byl i Národní revoluční výbor inteligence. Rostl počet stávek a sabotáží. Proto dosavadního říšského protektora Konstantina von Neuratha 27. září 1941 nahradil specialista na boj proti hnutí odporu – generál SS a policie, šéf Hlavního říšského bezpečnostního úřadu Reinhard Heydrich. Heydrich nařídil okamžitě vyhlásit stanné právo a zahájil rozsáhlý útok na všechny ilegální organizace. Za kontakty s londýnským exilem neváhal dát zatknout dokonce předsedu protektorátní vlády generála Aloise Eliáše (popraveného 19. června 1942). Politiku zastrašování doplňoval sociální demagogií, zaměřenou především na dělnictvo.

Příchod R. Heydricha do Prahy

■ V odpověď na Heydrichovu ofenzivu na něj zorganizovala londýnská vláda atentát, který 27. května 1942 provedli dva výsadkáři Jan Kubiš a Jozef Gabčík. Takový čin neměl po celou válku obdoby. Nacisté zareagovali na smrt vlnou teroru (heydrichiádou), během níž byly např. vyvražděny vesnice Lidice (10. června 1942) a Ležáky (24. června 1942). Po tomto pronásledování již domácí odboj v původní síle neožil.

Atentát na Heydricha 27. května 1942. Heydrichiáda

■ Jakmile v 2. polovině roku 1943 bylo jasné, že porážka nacistického Německa se blíží, začaly velmoci uvažovat o budoucím uspořádání Evropy i jednotlivých států. Podobu poválečného Československa výrazně ovlivnila československo-sovětská smlouva, podepsaná 12. prosince 1943. Smlouva spojovala poválečný osud Československa se SSSR jako s nejdůležitějším garantem československé nezávislosti. V následujících rozhovorech s komunistickou delegací bylo dohodnuto, že v poválečné republice se uplatní rozsáhlá regulace politického života a rozsáhlé zásahy do vlastnických poměrů. Beneš si uvědomoval, jak v poslední době zesílil vliv komunistů doma i ve světovém měřítku a že je zvláště ve středoevropském prostoru nelze ignorovat. Jako mnoho jiných se domníval, že v SSSR za-

Československo-sovětská smlouva 1943

Postřílení muži v Lidicích 10. června 1942.

vládne po válce střízlivější, demokratičtější kurs, zaměřený více na domácí než zahraniční problémy. Revolučnost domácích komunistů hodlal tlumit jejich účastí na vládě a řešením konkrétních problémů.

Slovenské národní povstání 1944

■ V následujícím roce 1944 se východní fronta již značně přiblížila k bývalým východním hranicím Československa. Dny autoritativního klerofašistického Slovenského státu, který mimo jiné bojoval proti Polsku a SSSR a nacházel se ve válečném stavu s USA, byly sečteny. Jeho obyvatelstvo, které ztratilo počáteční nadšení ze samostatnosti, se s ním již dávno rozešlo. Na konci roku 1943 se sblížili představitelé občanského odboje (Ján Ursíny, Jozef Lettrich, Vavro Šrobár) a komunisté (Gustáv Husák, Karol Šmidke, Laco Novomeský). Na základě tzv. Vánoční dohody obou směrů byla založena Slovenská národní rada (SNR), která měla koordinovat boj proti domácí diktatuře i jejím německým patronům. Zároveň politický program SNR požadoval znovuzřízení Československa jako společného státu Čechů a Slováků na základě rovnosti. Vojenské vystoupení proti režimu mělo být sladěno s možnostmi Rudé armády. Hlavní silou povstání se měla stát slovenská armáda. První boje ale vypukly již 29. srpna 1944, dříve, než byly dokončeny všechny potřebné přípravy. Zpočátku se podařilo obsadit poměrně rozsáhlé území s centrem v Banské Bystrici, ale na konci října povstání rozdrtily německé jednotky, které pozval na pomoc Slovenský stát. Povstalecká armáda musela přejít na partyzánský způsob boje. Slovenské národní povstání (jak bylo toto vystoupení slovenského lidu později nazváno) podporovalo spojenecké letectvo a na pomoc se mu přes Karpaty probíjela Rudá armáda. 1. československý armádní sbor, který se v jejím rámci účastnil této operace, vstoupil na československé území 6. října 1944.

■ K osvobození celého Československa, zejména Prahy, došlo ale až více než o půl roku později. Podobně jako v dalších moravských a českých městech, která se již od 1. května stavěla Němcům na odpor, vypuklo v Praze povstání 5. května, opět dříve, než se plánovalo. Německé velení si uvědomovalo význam Prahy jako hlavního města i komunikačního uzlu, a nařídilo proto povstání za každou cenu potlačit. Česká národní rada (ČNR), v níž si vedle nestraníka profesora Alberta Pražáka získal rozhodující postavení komunista Josef Smrkovský, se postavila do čela povstání a spolupracovala s vojenskými odborníky. V žádném případě však nemohla zajistit dostatek zbraní.

Pražské povstání 5. května 1945

■ Nejprve se zdálo přirozené, že Praze přijdou na pomoc Američané, kteří již v západních Čechách dosáhli demarkační čáry. Vrchní velitelství anglo-amerických vojsk ji však generálu Georgeovi Pattonovi zakázalo překročit, neboť se obávalo konfliktů se Sovětským svazem. V kritický den 7. května zasáhli na straně povstalců vlasovci. Byli to původně ruští zajatci, které bývalý sovětský velitel – generál Vlasov získal pro boj se SSSR na straně Německa. S ČNR se však nedohodli a 8. května se začali stahovat z Prahy na západ. 8. května podepsali zástupci ČNR a německý generál Rudolf Toussaint protokol o kapitulaci, podle něhož měly být zastaveny boje a Němci mohli ustupovat na západ. Boje však ani potom nepřestaly. Teprve 9. května dorazily do Prahy jednotky Rudé armády, které pomohly město vyčistit od zbytků nepřátelských sil. Poslední výstřely 2. světové války na evropské půdě padly jihozápadně od Prahy u městečka Milína 12. května 1945.

■ Poválečná Československá republika nebyla obnovena ve své původní podobě, jakou měla před zářím 1938. Smlouvou mezi ČSR a SSSR z 29. června 1945 byla k SSSR jako Zakarpatská Ukrajina připojena bývalá Podkarpatská Rus. Tento akt byl oficiálně zdůvodněn výsledky plebiscitu, který SSSR zaranžoval.

Odsun Němců

■ Ještě větší změna se týkala nikoli hranic, ale německého obyvatelstva předmnichovské republiky. Po heydrichiádě začal domácí odboj prosazovat názor, že v novém státě nesmí být místo pro německou menšinu. Tato představa dost odpovídala předběžným konceptům spojenců na reorganizaci celého středoevropského prostoru. Po delším váhání se k tomuto plánu připojil i Beneš a nakonec ho schválily všechny politické strany. Nejprve proběhl tzv. divoký odsun, živelné vyhánění Němců za hranice státu, doprovázené mnohými krutostmi. Podle dosavadních odhadů bylo zavražděno 6 500 sudetských Němců a asi 20 000 zemřelo v důsledku přestálého vyčerpání a utrpení. Postupimská konference, rozhodující zejména o osudu Německa či o východních hranicích Polska, potvrdila 1. srpna 1945 odsun německého obyvatelstva z ČSR, Polska a Maďarska. Tím byl legalizován tzv. řádný odsun. Celkově bylo vysídleno asi 2 700 000 Němců.

Košický vládní program a systém lidové demokracie

■ Do Prahy se nová československá vláda, v níž klíčová místa obsadili komunisté (Klement Gottwald a Viliam Široký – místopředsedové vlády, Václav Kopecký – informace, Václav Nosek – vnitro, Julius Ďuriš – zemědělství) či jejich pomahači (kromě premiéra Zdeňka Fierlingera zejména Ludvík Svoboda – obrana), vrátila 10. května. Přivezla si s sebou program, nazvaný podle místa, kde byl 5. dubna oficiálně vyhlášen, Košický. Jeho obsah, který podporoval i prezident Edvard Beneš, vyjadřoval odhodlání k rozsáhlým společenským změnám. Jejich postupným uskutečňováním se vytvářel systém tzv. lidové demokracie, který se již přes vnějškovou podobnost výrazně odlišoval od předmnichovské parlamentní demokracie. Jeho základ představovalo vytvoření Národní fronty, svazku povolených stran, které se podílely na činnosti zahraničního odboje – komunisté, sociální demokraté, národní socialisté, lidovci; ze slovenských Demokratická strana a Komunistická strana Slovenska. (Slovenští komunisté se osamostatnili v roce 1939. Toto uspořádání bylo ponecháno v platnosti zejména z toho důvodu, že si

Válka skončila. Příjezd Rudé armády do Prahy
9. května 1945.

pak komunisté nárokovali celkově dvojnásobný počet míst
ve vládě.) Největší předválečné strany – agrární a slo-
venská lidová – byly spolu s některými dalšími zakázány.
Národní fronta si monopolizovala právo na politická roz-
hodnutí. Její usnesení byla závazná pro všechny složky
politických stran – i pro stranický tisk a zejména pro po-
slance. Tak byla vlastně postavena i nad parlament a mi-
mo demokratickou kontrolu.

■   Hmotnou základnu tohoto vývoje vytvářelo zaba-
vení majetku Němců, Maďarů, zrádců a kolaborantů de-
kretem prezidenta republiky z 19. května 1945 a dále zná-
rodnění dolů a klíčového průmyslu, akciových bank, sou-
kromých pojišťoven a potravinářského průmyslu 28. října
1945. Dvě třetiny průmyslového potenciálu republiky se
ocitly ve vlastnictví státu. Dekret prezidenta republiky
z 21. června 1945 připravil pozemkovou reformu, v jejímž
průběhu ministerstvo zemědělství rozdělovalo půdu zaba-
venou Němcům, Maďarům a kolaborantům. (Tzv. Bene-
šovy dekrety byly vydány za jednoznačného souhlasu

Znárodňování

Československo po 2. světové válce. 1. Čechy 2. Slovensko.

všech politických sil a posléze i schváleny parlamentem. Tak nabyly platnosti zákona.) Politickou atmosféru ovlivňovaly ve značné míře i tzv. sjednocené organizace, z nichž nejvýznamnější bylo Revoluční odborové hnutí. Vystupovaly zpočátku nadstranicky, ale de facto sloužily zájmům nejsilnější strany – KSČ. Tyto organizace se dobře hodily k vyvolávání různých nátlakových akcí, v nichž se projevovala „vůle lidu".

Zahraničně politické souvislosti československé politiky

■ Politiku ČSR omezoval navíc i ohled na SSSR, jehož vliv na celém světě a zejména ve střední Evropě výrazně vzrostl. Rozložení sil v mezinárodním měřít-ku potvrdily ostatně konference velmocí na Jaltě (4.–11. února 1945) a v Postupimi (17. července –2. srpna 1945).

Boj o demokracii. Odmítnutí Marshallova plánu 1947

■ Všechny tyto okolnosti se odrazily v parlamentních volbách 26. května 1946. Celkově je se 40 % hlasů vyhrála KSČ. (Od výsledků voleb v celostátním a ještě více v českém měřítku se odlišovala situace na Slovensku, kde v prospěch Demokratické strany bylo odevzdáno 60 % hlasů.) Potvrzení svých pozic použila KSČ k mohutnému nástupu v příštím roce. Zásadní událostí, která nejzřetelněji odhalila mezinárodní postavení ČSR, toužící hrát roli zprostředkovatele mezi Východem a Západem, se stalo jednání o Marshallův plán. Plán, vyhlášený v červnu 1947 ministrem zahraničí USA Georgem Marshallem, měl napomoci rekonstrukci evropského hospodářství. SSSR v něm spatřoval snahu ohrozit svou sféru vlivu, a proto se k němu po počátečním váhání stavěl rozhodně nepřátelsky. Československo se o plán, který skutečně vytvořil základ západoevropské prosperity, zajímalo a jako jediný stát ze sovětských spojenců přijalo pozvání na konferenci, kde se o něm mělo jednat. Pod tlakem Stalina však svou účast odvolalo. Pro poměry v ČSR byl charakteristický i způsob, jakým to učinilo. O tak zásadní věci rozhodla vláda. Parlament byl jen informován.

■ Na podzim 1947 zvýšil Stalin svůj nátlak na československé komunisty, aby dovedli svůj boj o ovládnutí Československa do vítězného konce. Komunisté proto stupňovali své úsilí na všech frontách, vznášeli požadavky na další znárodňování, rozleptávali nekomunistické strany, které infiltrovali vlastními specialisty na rozbíječskou činnost i odborníky z ministerstva vnitra, pokusili se dokonce o neumělé atentáty. Zájmy komunistické strany měly prosazovat úderné oddíly – Lidové milice, založené údajně k ochraně továren. Pod tímto náporem se nekomunistické strany, které se dosud chovaly příliš individualisticky, spojily. České strany např. ztratily předsudky vůči slovenské Demokratické straně. Z vlivu komunistů se však nepodařilo zcela vyprostit sociální demokracii, rozdělenou mezi prokomunistickým Fierlingerem a jeho odpůrcem Václavem Majerem. V Národní frontě, která dosud fungovala jen díky ústupnosti nekomunistických stran, propukly spory.

Komunistické přípravy na uchopení moci

■ Boj o moc vyvrcholil v únoru 1948. Podnětem ke konečnému střetnutí bylo přeložení posledních šesti nekomunistických velitelů policie z Prahy. Na protest vůči tomuto aktu podalo 12 ministrů ze tří stran demisi. Předpokládali, že komunisté ustoupí nebo že vláda, jejíž důvěryhodnost byla tak otřesena, padne a dojde k novým volbám. Nespočetli si však, kolik osob je třeba, aby jejich demise donutila vládu k odstoupení. Toho využil Klement Gottwald. Pečlivě provedenými nátlakovými akcemi (sjezd závodních rad, sjezd dělnických komisí) a manifestací síly dosáhl toho, že prezident demisi přijal. Uprázdněná místa pak obsadil lidmi, kteří pro něj pracovali v nekomunistických stranách. 25. února bylo vše skončeno. 2. června 1948 abdikoval na smrt nemocný prezident Beneš.

Komunistický převrat v únoru 1948

■ Únorový převrat rozdělil československou spole čnost. Část byla nadšena a přesvědčena, že vítězství komunismu je v souladu s vývojem a duchem dějin, část prošla první vlnou perzekucí, část se vydala opět do emigrace.

■ Během krátké doby se režim změnil ve skutečnou diktaturu. Volby byly nesvobodné a přitom vlastně povinné, nezávislost soudců zanikla. Z nekomunistických stran se staly pouhé satelity KSČ, které vykonávaly jen její vůli. Tak se chovaly i státní a zastupitelské orgány. Legitimace KSČ poskytovala již od roku 1945 výhody a přednost před nestraníky, v samé straně panovala ovšem přísná disciplína. Vedoucí skupina funkcionářů mohla rozhodovat, aniž by měla nějakou ústavní či zákonnou zodpovědnost. Ani tito funkcionáři však nebyli nezávislí. Jejich kroky někdy inspirovali a vždy kontrolovali poradci ze Sovětského svazu.

Jako opora nové moci, která se prohlašovala za obhájkyni zájmů dělnické třídy, nastoupilo do vybraných funkcí 200–250 000 dělníků. Ostatní obyvatelstvo mělo být indoktrinováno rozsáhlou propagandou. Nezapomínalo se však ani na rozvoj bezpečnostního aparátu. Uskutečnění základních cílů komunistického hnutí předpokládalo všeobecnou likvidaci soustavy občanských práv a svobod. Značná část společnosti to neprožívala zas tak těžce, buď se smířili se situací, nebo pro ně více znamenaly materiální výhody, které nový režim nabízel. Někteří navíc ještě uvěřili utopickým ideálům.

■ Přesto mělo Československo – jako ostatní země socialistického tábora – projít ještě etapou preventivního teroru. Oficiálně nešlo o nic jiného než o obranu revoluce před nepřáteli a škůdci, ve skutečnosti o zastrašení případné opozice, o vyvolání představy všeobecného ohrožení. Otázka viny proto ani nehrála roli, „zločiny" často vyfabulovala sama tajná policie. Bezpečnostní složky se zaměřily na všechny skupiny, které nesouhlasily s režimem či u nichž se tento nesouhlas dal alespoň předpokládat.

■ Na konci roku 1948 byli před soud postaveni představitelé našeho odboje v čele s generálem Heliodorem Píkou, který byl popraven. V květnu 1950 byl zahájen největší poválečný politický proces s Miladou Horákovou a spol., na nějž pak navazovaly další. Milada Horáková, poslankyně za národní socialisty, byla již v roce 1944 za účast v odboji odsouzena nacisty na 8 let. Za to, že uvažovala o způsobech opozice vůči komunistickému režimu,

Diktatura proletariátu

Politické procesy

Proces s Miladou Horákovou

byla na základě rozsudku československého soudu přes protesty světové veřejnosti popravena 27. června 1950. Od března 1950 do července 1954 probíhala řada procesů s českými a slovenskými církevními hodnostáři a věřícími. V katolické církvi, její tradici i vztazích mimo rámec státu, spatřoval režim obzvlášť nebezpečného nepřítele.

■ Politické procesy dostaly nakonec svou vlastní dynamiku a vymkly se organizátorům z rukou. Za pomoci sovětských expertů bylo zahájeno vyhledávání nepřítele ve vlastních řadách. Tato čistka skončila procesem s protistátním spikleneckým centrem, v jehož čele údajně stál dřívější generální tajemník KSČ – Rudolf Slánský. Odsouzen byl i jeden z nejvýznamnějších slovenských komunistů – Gustáv Husák. Na rozdíl od Slánského a jeho společníků skončil ve vězení a nikoli na popravišti. Celkový počet obětí komunistických represí se odhaduje na 200 až 280 tisíc.

■ Bezprostředně po uchopení moci zahájili komunisté závěrečnou likvidaci soukromého podnikání. Na konci roku 1948 pracovalo ve státním sektoru již více než 95 % zaměstnanců průmyslu. Se stejnou rozhodností byly zavírány i provozovny řemesel a služeb. I v této oblasti měly nadále fungovat jen státní nebo družstevní podniky. Místo tržních mechanismů musel výrobu i směnu regulovat plán, jehož koncipováním i prováděním byla pověřena mocná a početná hospodářská byrokracie. Celý hospodářský i sociální vývoj měl být rozdělován a pořádán do pětiletých plánů, pětiletek.

■ Podle přání SSSR byla zahájena rozsáhlá přestavba československého průmyslu, která vycházela z nerealistické koncepce Československa jako strojírenské velmoci. Hlavní důraz položili na těžké strojírenství a zbrojní výrobu. Výroba zbraní zaměstnávala až 1/3 celkových kapacit československého průmyslu. Ostatní výrobní odvětví, zvláště spotřební průmysl, trpěla nedostatkem zdrojů a stála před zhroucením.

■ Důsledky uměle urychlované industrializace zasáhly i zemědělství, které mělo ztratit soukromovýrobní charakter i poskytnout potřebné pracovní síly. Zákon o jednotných zemědělských družstvech přijal parlament 23. února 1949. Komunistům se ale nepodařilo rolníky přesvědčit, aby nově vytvářeným družstvům předali dobrovolně půdu do užívání. Proto přistoupili opět k repre-

Přestavba hospodářství podle představ SSSR a KSČ

sím. Po dvou vlnách násilné kolektivizace (1949–1953, 1955–1958) fungovala družstva již v 80 % obcí. Proti všem slibům však zemědělská výroba stagnovala a životní úroveň zemědělského obyvatelstva se výrazně zhoršila.

Další začleňování do sovětského bloku

▪ Vážné hospodářské potíže vyplývaly i ze změn v zahraničním obchodě. Místo vyspělých západních zemí se hlavním obchodním partnerem Československa stal Sovětský svaz a v menší míře i další země socialistického tábora. Ekonomická i politická závislost Československa na Sovětském svazu se prohloubila po vzniku Rady vzájemné hospodářské pomoci 1. ledna 1949. Politické a zejména vojenské svazky spojující země východního bloku posílilo ještě později založení Varšavské smlouvy 15. května 1955.

Měnová reforma a první krize systému 1953

▪ Kritickou situaci se stát rozhodl řešit měnovou reformou, vyhlášenou 30. května 1953. Každý občan mohl vyměnit 300 starých korun za 60 nových, zbytek v poměru 1:50. Současně byl zrušen systém přídělového lístkového hospodářství. Uvedená opatření znehodnotila úspory a snížila životní úroveň. Na reformu odpovědělo dělnictvo řadou stávek a demonstrací. Na potlačení demonstrace v Plzni musely být povolány jednotky armády a Lidových milicí. Československé vedení, jehož hlavními postavami se po smrti Klementa Gottwalda 14. března 1953 stali Antonín Zápotocký jako prezident a stranický šéf Antonín Novotný, muselo hledat nějaké řešení. V Moskvě, kde po nenadálé smrti J. V. Stalina 5. března 1953 začínala pomalu nová etapa vývoje, jim doporučili, aby vnitřní politika dbala více na potřeby obyvatelstva. Násilná kolektivizace byla na čas zastavena, těžký průmysl byl omezen v prospěch lehkého. Za krátkou dobu se hospodářství poněkud zotavilo.

Důsledky XX. sjezdu KSSS 1956

▪ Na obzoru se však rýsovala další krize, tentokrát politická, související ovšem opět s událostmi v SSSR. Chruščovova kritika „kultu osobnosti", která na XX. sjezdu KSSS v únoru 1956 odhalila rozsah Stalinových zločinů, se nemohla a nechtěla zabývat celým systémem. Přesto narušila dosud neotřesitelné jistoty a podnítila ke kritickému uvažování. Vedení KSČ se snažilo Chruščovův referát co nejvíce utajit, to se však nepodařilo. Původně vnitrostranická diskuse přerostla svými důsledky rámec KSČ a výrazně přispěla k aktivizaci celé československé veřejnosti. Nejotevřenější kritika zazněla na druhém sjezdu Svazu spisovatelů 22.–29. dubna 1956. Přesto se straně podařilo diskusi zastavit a kritické hlasy umlčet. Společnost byla ještě příliš zastrašena nedávným terorem a na druhé straně navnaděna určitým zlepšením hospodářské situace. Za těchto okolností se nikdo nechtěl příliš angažovat. Proto také při vypuknutí polských a zvláště maďarských událostí mohlo Československo působit jako pevná opora sovětské politiky.

■   Po smrti Antonína Zápotockého zvolilo 19. listopadu 1957 Národní shromáždění prezidentem 1. tajemníka ÚV KSČ Antonína Novotného, který se tak stal na dlouhou dobu nejmocnějším mužem ve státě. Aby dostatečně vynikl význam jeho vlády, byla v roce 1960 přijata nová ústava, která mimo jiné obsahovala již i pasáž o vedoucí úloze KSČ. Konstatování, že v Československu je již dokončena výstavba základů socialismu, odpovídala i změna názvu na Československou socialistickou republiku (ČSSR).

Nová ústava. Československá socialistická republika

■   Nereálnost pohledu na skutečnost se projevila již v druhém roce 3. pětiletky 1961–1962. Pokles výroby se podařilo po krátké době sice zastavit, pětiletka se však přesto zhroutila. Stále jasněji se ukazovalo, že centrální, příkazové řízení ekonomiky neodpovídá potřebám rozvoje. Mezi ekonomy, vedenými zejména Otou Šikem, nabývala na popularitě myšlenka spojení plánu a trhu. Jejich návrhy pak byly v okleštěné podobě vzaty za základ ekonomické reformy, která se měla experimentálně ověřovat. Pod tlakem nutnosti se tak uvolňovaly ideologické bariéry. Těchto možností uměla využít nejvíce kultura, která se odmítala podřizovat ideologickým požadavkům. Aktivizovala se vědecká pracoviště, která začala překonávat dogmatická stanoviska zejména v pohledu na národní dějiny. Velké množství překladů relativně moderní filozofické i vědecké literatury mělo nahradit mezery ve znalostech z poslední doby. V Literárních novinách, Tváři či jiných časopisech mohl čtenář opět najít názory, za něž ručil jen autor a nikoli úředně potvrzená dogmata. Umělci pojmenovávali skutečnost, před níž ostatní zavírali oči. Vrchol společenské angažovanosti českých kulturních tvůrců představoval IV. sjezd spisovatelů v roce 1967.

Počátky reformního vývoje

■   Šedesátá léta se stala zlatou dobou české kultury. Každé dílo Milana Kundery, Václava Havla, Bohumila Hrabala či Josefa Škvoreckého našlo bezpočet obdivova-

Kultura 60. let

telů. Po celé republice se začala objevovat malá divadla, divadla poezie a písní, která podobně jako nejslavnější z nich – Semafor Jiřího Suchého a Jiřího Šlitra – navazovala na uvolněnou atmosféru dřívějších šantánů. Stejně oblíbená byla i kamenná, klasická divadla, např. Divadlo za branou Otmara Krejči. Československou kulturu této doby však nejvíce proslavil film. Tzv. nová vlna, reprezentovaná jmény Miloše Formana, Ivana Passera, Jana Němce, Věry Chytilové či Jiřího Menzla, se zapsala do dějin světového filmového umění.

■ Životní styl neodpovídal obrazu, jaký vytvářela propaganda. Alespoň třeba soukromé vlastnictví se nepřestávalo těšit vážnosti. Vlastnictví osobního automobilu a chaty se stalo nejen symbolem společenského úspěchu, ale někdy i splněním životního snu. Stejně důležitá byla i šance dostat se do ciziny. Zkušenosti z cest potom přirozeně relativizovaly mnoho tvrzení oficiální propagandy. Odklon zejména mládeže od oficiálně doporučovaných vzorů se zřetelně projevil např. v nadšení pro moderní populární hudbu. Kapely, které ve velkém množství vznikaly, se ve všem všudy snažily kopírovat své velké britské a americké idoly.

■ Situace na Slovensku vypadala ve větší či menší míře stejně. Díky neustálému toku finančních prostředků z českých zemí mohlo Slovensko provést velkorysou industrializaci. Životní úroveň obou částí státu se – za cenu zpomalení vývoje v českých zemích – vyrovnala. Protislovenské postoje Antonína Novotného však přispívaly k tomu, že touhu po úpravě politických poměrů provázely i výbušné požadavky na přeměnu vztahů mezi oběma národy. Z tohoto důvodu začalo celé Slovensko podporovat snahy o reformu.

■ Pro postavení Antonína Novotného byl osudný právě útok vedený ze Slovenska. Slovenští komunisté si při kritice Novotného nekladli žádné zábrany a v prosinci 1967 už otevřeně vyslovili návrh na jeho odstranění z vrcholné funkce. Novotnému se podařilo přesunout rozhodnutí pouze na počátek ledna 1968. Na plénu ÚV KSČ 3.–5. ledna kapituloval a jeho místo převzal víceméně kompromisní kandidát Alexander Dubček (1921–1992).

■ Nějakou dobu se zdálo, že změna ve vedení nebude mít širší důsledky. Ale část řídících elit spatřovala v nástupu mladšího, nepříliš známého, ale také nezkom-

promitovaného funkcionáře příležitost k transformaci politického systému podle jejich vlastních představ. Projevilo se to zejména v březnu, když z vystoupení některých dalších politiků (zvláště Smrkovského a Šika) vyplynulo, že požadavky reformy se setkávají s podporou i na nejvyšších místech. Na podporu tohoto kursu vystoupily sdělovací prostředky, které spoluvytvářely průběh „pražského jara" jako období veřejné (a nikoliv kabinetní) politiky. To propůjčovalo „obrodnému procesu" nezvyklou dynamiku, zároveň znemožňovalo jakékoli taktizování.

■ V takovém klimatu dokázal dobře působit právě Alexander Dubček, který si díky svému neokázalému vystupování získal brzy velkou popularitu i skutečnou masovou podporu. 22. března 1968 odstoupil Antonín Novotný i z funkce prezidenta a Národní shromáždění zvolilo 30. března jeho nástupcem generála Ludvíka Svobodu. Vzápětí došlo k výměně mnoha vyšších funkcionářů. Novou vládu sestavil Oldřich Černík, předsedou parlamentu se stal Josef Smrkovský. Vznik nových organizací (KAN – Klub angažovaných nestraníků, K 231 – klub sdružující politické vězně odsouzené na základě paragrafu 231) narušil dosavadní organizační monopol komunistické strany a jejích souputníků. Tak se začaly rýsovat obrysy nového politického systému, nazvaného „socialismus s lidskou tváří".

■ Hranice postupující demokratizace měl vytvořit

Socialismus s lidskou tváří

Akční program, který v dubnu 1968 přijalo plénum ústředního výboru KSČ. Akční program se snažil odpovědět na otázku, jak maximálně demokratizovat společnost a zároveň udržet vedoucí roli komunistické strany. Řešení viděl v tom, že strana nebude svá rozhodnutí prosazovat administrativně a mocensky, ale pokusí se o jejich správnosti národ přesvědčit. Větší roli měly hrát také společenské organizace, jimž mělo být garantováno právo na oponenturu. V lednu, kdy se začaly vytvářet týmy odborníků, pověřené sestavením tohoto programu, zněly takové představy radikálně. O čtvrt roku později se to však lidem, kteří si již zvykli, že mluví bez obav a čtou prakticky necenzurované noviny, zdálo málo. Jejich pocity pak vyjádřil spisovatel Ludvík Vaculík v prohlášení 2000 slov, uveřejněném 27. června 1968. Upozornil v něm, že zatím se změny týkaly jen nejvyšších míst, a varoval, že v obcích a podnicích zůstalo vše při starém.

Protireformní opozice a její spojenci v zahraničí

■ Akční program představoval asi maximum toho, co byli zastánci starých pořádků ochotni akceptovat. Ve srovnání s masovou podporou, které se těšil Dubčekův kurs, neznamenala jejich opozice příliš velké nebezpečí. Rozhodující však bylo, že stejně začínali smýšlet o československých reformách i představitelé komunistického hnutí v čele se sovětským vůdcem Leonidem Iljičem Brežněvem. SSSR se obával o integritu svého impéria, které snad mohly nakažlivé myšlenky o socialismu, který již nepřináší hrůzu, narušit. Neméně energicky vystupovalo Polsko a NDR. Diplomatickému nátlaku ČSSR odolávala. Brežněv se nakonec rozhodl pro vojenský zákrok.

Sovětská okupace 21. srpna 1968

■ V noci z 20. na 21. srpna začala Československo obsazovat vojska SSSR, BLR, MLR, NDR a PLR. Z domácích nepřátel reformního úsilí se však nepodařilo zformovat kolaborantskou dělnicko-rolnickou vládu. 22. srpna 1968 se vlastně již v ilegalitě sešel tzv. vysočanský sjezd KSČ, který se významně podílel na řízení občanského odporu proti okupaci. Sovětští vojáci, ignorovaní či zahrnovaní výčitkami, nedokázali zatím vůbec ovlivnit život v okupované zemi. Tak muselo sovětské velení vyjednávat s těmi, které chtělo svrhnout. Dubčeka, Svobodu, Černíka a další se při jednáních nakonec 23.–26. srpna podařilo přimět k podpisu tzv. Moskevských protokolů, které legalizovaly pobyt sovětských vojáků v zemi. Českosloven-

Srpen 1968. Neznámý muž se snaží zastavit tank vlastním tělem.

ské vedení doufalo, že výměnou za tento zásadní ústupek se podaří udržet reformní kurs alespoň v ekonomické oblasti.

■ Sliby reformátorů však byly splněny jen v jednom ohledu: 28. října 1968 byla vyhlášena federalizace československého státu. Místo jedné vlády tak fungovaly tři: federální, česká a slovenská. Obdobně vedle celostátního parlamentu rozhodovaly o některých záležitostech ještě Česká národní rada a Slovenská národní rada. Více však sovětští představitelé nedovolili. Naopak, nebrali ohled ani na srpnové závazky. Za pomoci svých přívrženců mezi Čechy a Slováky rozkládali jednotu reformních sil. Tento proces nezastavil ani zoufalý protest studenta Jana Palacha, který se 16. ledna 1969 upálil na Václavském náměstí v Praze. Bouřlivé demonstrace po výhře hokejového

Vývoj
po srpnu 1968.
Federalizace

Demonstrace studentů po smrti Jana Palacha.

mužstva ČSSR nad týmem SSSR 28. března 1969 daly záminku k dalšímu nátlaku. 17. dubna 1969 byl z funkce 1. tajemníka ÚV KSČ odstraněn Alexander Dubček a nahrazen Gustávem Husákem, který se přizpůsobil situaci. Po Dubčekovi začali odcházet další představitelé československé reformy. V roce 1970 proběhly prověrky všech komunistů, po nichž muselo stranu opustit 1/2 milionu osob. Zemi zasáhla další vlna masové emigrace.

„Normalizace" po dubnu 1969

■ Do rozhodujících funkcí postupně nastupovali muži dosazení Moskvou. Předsedou Národního shromáždění se stal Alois Indra, předsedou vlády Lubomír Štrougal. Velký vliv v předsednictvu ÚV KSČ získal Vasil Biľak, který spolu s Janem Fojtíkem předložil v prosinci 1970 dokument nazvaný Poučení z krizového vývoje ve straně a společnosti po XIII. sjezdu KSČ. Poučení odsoudilo československou reformu socialismu jako kontrarevoluci. Tento výklad platil jako závazný.

■ Úplný návrat před leden 1968 nebyl možný. Nicméně noví vládci ČSSR pro to udělali co nejvíce. Proti některým z těch, kteří se nehodlali smířit s vývojem, byly zahájeny politické procesy, které však již nekončily popravami. Jiní se zase nemohli zbavit sledování tajnou policií. Odpůrci režimu nesměli vykonávat prestižní povolání. Stát jako monopolní zaměstnavatel jim dovolil pracovat jen tam, kde se nemohli stýkat s dalšími lidmi – na místech topičů, nočních hlídačů apod. Za rodiče byly trestány i děti, jimž úřady znemožnily studovat. Centralizaci politického rozhodování odpovídalo centrální plánování hospodářství. Režim se snažil získat podporu umělým udržováním životní úrovně. Reakcí obyvatelstva byla vzrůstající apatie. Prořídlé řady komunistické strany zaplnili mladí lidé, toužící po uplatnění a kariéře, většina se však stáhla do soukromí.

■ Zájem světové veřejnosti o politické dění v Československu poklesl ve srovnání s rokem 1968 na minimum. S velkou pozorností však byla sledována nezávislá československá kultura, která se dostávala na výsluní po-

Česká kultura
ve světě

Gustáv Husák (1913 – 1991, 1975 – 89 prezident ČSSR, 1969 – 87 generální tajemník KSČ, hlavní představitel normalizačního režimu.

zornosti. Hry Václava Havla uvedla četná světová divadla, do mnoha jazyků byla přeložena díla Milana Kundery či Bohumila Hrabala. V roce 1984 získal Nobelovu cenu za literaturu Jaroslav Seifert. Z filmových režisérů, kteří odešli do zahraničí, se nejvíce proslavil Miloš Forman, své domácí publikum nejvíce potěšili Jiří Menzel či Věra Chytilová. Ale to byly výjimky. I kulturu – jako ostatní obory – ovládli ti, kteří schopnosti nahrazovali věrností politické linii.

Charta 77

■ Depresi, do níž společnost upadla, narušily až události roku 1977. Za dramatických okolností bylo v Praze 1. ledna 1977 vydáno Prohlášení Charty 77, dokument, vybízející vládnoucí kruhy v ČSSR, aby neporušovaly lidská práva a tak dodržovaly své mezinárodní závazky. Skupina, která podepsala Chartu, vznikla na konci roku 1976. Bezprostřední podnět k jejímu vytvoření daly protestní akce, zaměřené proti trestnímu stíhání příslušníků a příznivců rockové skupiny The Plastic People. K signatářům Charty patřili dramatik Václav Havel, filozof Jan Patočka, spisovatelé Ludvík Vaculík, Pavel Kohout, bývalí politici „pražského jara" Jiří Hájek, Zdeněk Mlynář a 252 dalších. Sdružili se v ní tak představitelé celého opozičního spektra. Rozdílnost názorů na jednotlivé konkrétní problémy překonávali chartisté v dialogu, vedeném v duchu tolerance a úcty k lidským právům. Postupně se z nich vytvořila neformální občanská iniciativa, která nehledě na pronásledování fungovala až do pádu komunistického režimu. Přes velký morální význam se jí však nepodařilo získat masovou podporu.

Růst opozičních nálad

■ Větší vliv na dění v Československu získávala Charta až v druhé polovině 80. let, kdy se již jasně rýsovalo, že socialismus nedokáže držet krok s vývojem ve vyspělých kapitalistických zemích. V rozhodujících funkcích však stále setrvávali lidé, kteří se na počátku 70. let chopili moci. Kosmetické úpravy – např. nahrazení Gustáva Husáka ve funkci generálního tajemníka KSČ Milošem Jakešem v prosinci 1987 – nehrály roli. Režim byl strnulý, ztratil schopnost účinně reagovat. Gorbačovovu politiku přestavby a glasnosti sledovalo československé vedení s nedůvěrou. Obávalo se, že sovětský reformátor se přihlásí k dědictví 68. roku a „socialismu s lidskou tváří", čímž by popřel legitimitu jejich moci. Totéž od něj očekávala většina československé veřejnosti.

■ Ačkoli se politika KSČ oficiálně nezměnila, díky změnám v SSSR, jemuž byla léta přísahána věrnost až za hrob, znejistěla. Na druhé straně rostla kritičnost a občanská odvaha, která se projevila v demonstracích v srpnu 1988 (20. výročí sovětské invaze), počátkem roku 1989 (20. výročí úmrtí Jana Palacha), na 1. máje a 21. srpna téhož roku. Represivní zásahy už nedokázaly opoziční hnutí zlomit, spíše jen přilévaly oleje do ohně. Aktivita opozičních skupin a iniciativ nacházela odezvu u stále širších skupin obyvatelstva, které citelně vnímalo i změny v mezinárodní oblasti. Pozornost se soustřeďovala především na bouřlivý vývoj v SSSR, kde se objevily již velmi silné odstředivé tendence; nemenší zájem však budil i reformní kurz v Maďarsku nebo výsledky voleb v Polsku, kde se v létě formovala první vláda, v jejímž čele stál nekomunistický politik. Rapidně se snižovala i prestiž v té době již jediného skutečného spojence komunistického Československa – NDR, k čemuž ostatně výrazně přispěl i exodus východoněmeckých občanů přes Prahu (resp. zdejší velvyslanectví SRN) v září a říjnu 1989. O osudu tohoto státu rozhodly krátce nato mohutné demonstrace, ústící v rozbourání berlínské zdi – hlavního symbolu oddělení zemí sovětského bloku od svobodného světa.

■ Za těchto okolností se ani v Československu nemohl starý režim udržet. V pátek 17. listopadu 1989 (den 50. výročí popravy devíti českých představitelů studentského hnutí a uzavření vysokých škol nacisty) se v Praze konala velká demonstrace vysokoškoláků, na jejímž pořádání se podíleli i příslušníci nezávislých aktivit. V průběhu demonstrace došlo k spontánním projevům odporu vůči utlačovatelskému režimu a policejní oddíly ji brutálně rozehnaly. Paralela mezi postupem nacistických a komunistických represivních sil vyvolala ohromné pobouření veřejnosti.

17. listopad. Počátek sametové revoluce

■ Obyvatelstvo začalo písemnými protesty hromadně odsuzovat tento zákrok, žádalo jeho vyšetření, někdy i revizi některých prvků dosavadní politiky. Od násilí se opatrně, ale předvídavě distancovaly i části oficiálních struktur, totiž Československá strana socialistická a Socialistický svaz mládeže a – což bylo zejména důležité, jejich deníky – Svobodné slovo a Mladá fronta. Veřejným vypovězením boje komunistickému režimu se stala však až stávka studentů (vysokých a částečně i středních škol)

a divadel, která v pondělí 19. listopadu 1989 zahájila tzv. něžnou či sametovou revoluci, charakteristickou tím, že místo na násilné prostředky spoléhala na informační a propagační působení.

■ Jako představitel opozičního hnutí ještě 18. listopadu 1989 vystoupilo Občanské fórum (OF) - na Slovensku Veřejnost proti násilí (VPN). Spojili se v nich aktivisté Charty 77, studenti a sympatizující intelektuálové a postupně i další občané. I když se do politického života vrátil opět Alexander Dubček a někteří další politici z roku 1968, roli všemi uznávané autority převzal Václav Havel. Mohutnými manifestacemi dávali Češi i Slováci najevo, že změnu, konec vlády jedné strany, si přeje drtivá většina národa. Někteří představitelé komunistického vedení se sice pokusili přimět Lidové milice a armádu k ozbrojenému převzetí moci, ale svůj záměr neprosadili. Naopak dvouhodinová generální stávka 27. listopadu 1989 dokázala, že obyvatelstvo podporuje požadavky opozice. O dalším vývoji se rozhodlo během zhruba deseti dnů.

OF a VPN

■ Za předsednictví ministra Mariána Čalfy byla 10. prosince 1989 zformována vláda národního porozumění, složená z opozičních hnutí Občanské fórum a Verejnosť proti násiliu, která se fakticky ujímala moci, bezpartijních, příslušníků menších politických stran a z několika zástupců dosud vládnoucí komunistické strany, která naopak přešla do opozice. Pod tlakem veřejnosti odvolala KSČ řadu svých poslanců ze zákonodárných sborů a na jejich místo byli kooptováni představitelé nových politických sil. Takto transformované Národní shromáždění zvolilo 29. prosince 1989 prezidentem Václava Havla.

Vláda národního porozumění.
Václav Havel prezidentem

■ Definitivní potvrzení změny režimu přinesly volby do Federálního shromáždění a obou národních rad (první svobodné parlamentní volby po bezmála 45 letech), které se konaly 8.-9. června 1990. Drtivou většinou v nich zvítězila obě hlavní hnutí, která získala v třísetčlenném Federálním shromáždění (rozděleném ovšem na Sněmovnu národů a Sněmovnu lidu) 170 křesel. I volby do České národní rady dopadly nejlépe pro Občanské fórum, které obdrželo 127 mandátů - za ním následovala

První svobodné volby.
Nové zákony

Generální stávka 27. listopadu 1989
na Václavském náměstí.

komunistická strana s 32 mandáty, Hnutí za samosprávnou demokracii – Společnost pro Moravu a Slezsko (prosazující posílení státoprávního postavení Moravy) s 22 mandáty a Křesťanská a demokratická unie – Čs. strana lidová s 19 mandáty. Již předtím, na březnových, dubnových a květnových zasedáních, byly schváleny zásadní zákony, upravující vytváření a posilování demokratické společnosti – o sdružování občanů, o právu shromažďovacím, petičním, o zrovnoprávnění všech forem vlastnictví, o akciových společnostech, o individuálním podnikání fyzických osob, o hospodářských stycích se zahraničím apod. Byl novelizován občanský i trestní zákoník, mj. také zrušen trest smrti. Zákon o soustavě základních a středních škol odstranil jednotnou školu.

Varianty hospodářské transformace

■ Největší pozornost byla upřena na změnu hospodářského systému. Nebylo pochyb, že je třeba opustit dosavadní socialistický model a obnovit standardní tržní hospodářství, založené na soukromém vlastnictví, podnikatelské aktivitě a konkurenčním prostředí. S tím souhlasila rozhodující část obyvatelstva, které bylo smířeno s dočasným poklesem životní úrovně. V zásadě se vytvořily dvě koncepce hospodářské reformy. První skupina ekonomů, vedená Františkem Vlasákem a spolupracující převážně s českou vládou, doporučovala postupný přechod, restrukturalizaci podniků pod státním dohledem a následnou privatizaci klasickými metodami. Jak chtěla tato skupina postupovat, ukázala tehdy největší transakce, kterou iniciovala – vstup firmy Volkswagen do automobilky Škoda v Mladé Boleslavi. Vzhledem k tomu, že v Československu patřily všechny průmyslové a obchodní podniky státu nebo státem kontrolovaným družstvům, zdál se tento postup příliš pomalý. Navíc hrozilo nebezpečí „samovolné" privatizace podniků jejich manažery, kteří by záměrně podnikali k jejich škodě a v prospěch jiných hospodářských subjektů, např. vlastních firem.

Změna vlastnických vztahů chápaná jako nejdůležitější krok

■ Proto se nakonec prosadila druhá skupina ekonomů, vedená federálním ministrem financí Václavem Klausem, dávající přednost tzv. šokové terapii uvolnění cen (od 1. ledna 1991), liberalizaci zahraničního obchodu, restriktivní finanční a měnové politiky státu, zavedení vnitřní směnitelnosti koruny. Hlavní důraz kladl Klaus na radikální a rychlou změnu vlastnických vztahů. Proto v únoru 1990 vykrystalizoval v jeho okruhu svérázný pro-

Václav Havel
(*1936)

jekt kuponové privatizace. Za celkem malý správní poplatek dostali všichni českoslovenští občané příležitost získat tzv. kuponovou knížku a jejím prostřednictvím si mohli objednat akcie vybraných privatizovaných podniků. Vedle jednotlivých občanů se do této formy privatizace zapojily i nově vzniklé fondy, vykupující kuponové knížky od občanů nebo ještě častěji slibující jim za ně vyplatit v určité lhůtě mnohonásobek jejich ceny. A tak se tato akce, zahájená 18. května 1992, setkala s nečekaně velkým ohlasem – do kuponové privatizace se zapojilo až osm a půl milionu lidí. Další majetek byl zařazen do tzv. velké privatizace, zahájené 1. října 1991, v níž byly podniky prodávány konkrétním zájemcům buď přímo nebo na základě veřejné soutěže. V rámci tzv. malé privatizace, zahájené v lednu 1991, byly vyčleněny menší provozovny služeb a obchodu z celkového státního majetku a rozprodány v aukcích. Podobný cíl, spojený se snahou o určitou nápravu křivd, sledovaly i restituce, které měly vrátit nemovitý majetek, vyvlastněný po 25. únoru 1948 komunistickým režimem, zpět původním držitelům nebo jejich

Formy privatizace

dědicům. V rekonstrukci nedostatečně či špatně strukturovaného hospodářství znamenal výrazný impulz také zahraniční kapitál. Vstup zahraničních firem do republiky nepřinášel jen finanční prostředky, ale také umožňoval proniknout na další trhy a seznamoval s novými formami práce.

■   Scénář hospodářské reformy byl obecně, i v zahraničí, hodnocen jako velmi kvalitní a doporučován k napodobení. Reformní kurz, jehož symbolem se stal Václav Klaus, získal mimořádně silnou politickou a sociální podporu. Úskalí „české cesty" se projevila až později.

■   Už v průběhu „sametové revoluce" zrušilo Rakousko vízovou povinnost pro československé občany. V roce 1990 následovaly další, zejména evropské země. V euforii nad pádem komunismu se zdálo, že začlenění Československa do svazku západoevropských států bude snadné a vítané. Postupující komplikace v sjednocování evropských zemí a hospodářská recese však původní nadšení zchladily. Západoevropští vývozci přivítali možnosti, jaké jim nabízel československý trh. Oproti tomu domácí výrobci, využívající poměrně laciné pracovní síly, však nejednou narazili na překážky. Export na Západ se přitom stal pro Československo, poškozené rozpadem trhů ve východní Evropě, zvláště v SSSR a NDR, holou nezbytností.

■   Československá zahraniční politika usilovala především o vymanění ze všech závislostí na SSSR. Přispěla k likvidaci Varšavské smlouvy (1. července 1991) i Rady vzájemné hospodářské pomoci; 27. června 1991 opustil československé území poslední sovětský voják. Po 38 letech obnovilo Československo 20. září 1990 své členství v Mezinárodním měnovém fondu a Mezinárodní bance pro obnovu a rozvoj, na jejichž založení se podílelo. 21. února 1990 se stalo členem Rady Evropy a 16. prosince 1991 byla podepsána dohoda o přidružení Československa k Evropskému společenství. Zásadním cílem zůstal „návrat do Evropy" (vstup do Evropského společenství) a NATO. Spolupráce Československa, Polska a Maďarska v rámci tzv. visegrádské trojky (pojmenované podle setkání nejvyšších představitelů těchto států v maďarském městě Visegrádu 15. února 1991) vyústila na konci roku 1992 v podepsání Středoevropské dohody o volném obchodu (CEFTA).

■ Všechny podstatné a často neočekávané změny přijímalo obyvatelstvo do značné míry s pochopením; snažilo se přizpůsobit podmínkám tržního hospodářství i demokratické společnosti. Dokazoval to bezpočet nově zakládaných soukromých podniků, nadací a jiných veřejných aktivit. Přes problémy, způsobené propouštěním v neefektivních provozech či omezováním počtu pracovníků v zemědělství, se podařilo udržet sociální smír. Uvolňované pracovníky totiž stačily bez problémů absorbovat dosud zanedbávané služby, a tak se nezaměstnanost udržovala na velice nízké úrovni. Společnost se ovšem začala výrazně polarizovat politicky a národnostně. Občanské fórum a Verejnosť proti násiliu se jako hnutí, postrádající pevnou hierarchizovanou strukturu, k pravidelnému řízení veřejných záležitostí příliš nehodila. Abnormálně velký počet těch, kteří se k němu hlásili, vylučoval přirozenou shodu v jiných než jen obecných otázkách – logickým důsledkem těchto skutečností bylo vytváření frakcí. Z Občanského fóra se v dubnu 1991 jako hlavní síla vydělila Občanská demokratická strana (ODS), orientující se pod vedením V. Klause na pravicově smýšlející voliče, zatímco nesrovnatelně menší část – Občanské hnutí (OH) – se snažila zůstat věrná původním nadstranickým ideálům. Ještě dříve se z OF odštěpila Občanská demokratická aliance (ODA), spojující obhajobu českých zájmů i konzervativních hodnot.

■ U slovenského obyvatelstva nalezla naopak pravicová strana Občanská demokratická unie, vzniklá z VPN, jen malou podporu. Většinu získalo na svou stranu Hnutí za demokratické Slovensko (HZDS), založené Vladimírem Mečiarem, který z hnutí VPN odešel, když byl na podnět jeho vedení odvolán z místa předsedy slovenské vlády.

■ V listopadové revoluci a dalším období rekonstrukce mocenského systému vystupovala obě hnutí – Občanské fórum a Verejnosť proti násiliu – jako spojenci; přesto se však vyvíjela odděleně. V nových, volnějších poměrech se mohly více prosadit odlišnosti v orientaci obou národů nebo spíše jejich politických reprezentací. První velký střet představoval již v roce 1990 spor o to, jak pojmenovat stát. Slovenští poslanci odmítli prezidentův návrh na návrat k názvu Československá republika – a teprve po dlouhých jednáních se dospělo ke shodě, když byla

Česká republika dnes.

20. dubna 1990 přijata varianta Česká a Slovenská Federativní Republika (ČSFR). Spory o název státu se mohly zdát zanedbatelné, tajily se však za nimi rozdíly v hodnocení společné minulosti. Brzy k nim přistoupila i okolnost, že hospodářská reforma zasáhla obě části státu různě – na Slovensku byla přijímána s většími výhradami než v českých zemích. Hlasy ze Slovenska, volající po co největší soběstačnosti obou republik, nezůstaly v české části bez odezvy. Obě národní vlády, česká v čele s Petrem Pithartem i slovenská s Vladimírem Mečiarem, prosazovaly názor, že silné republiky, které budou mít nástroje k rozhodování, vytvoří nejlepší základnu pravé federace. Národní vlády také přebíraly stále větší část kompetencí od vlády federální. Rostoucí nezávislost na federaci však znamenala, že se vzdalovaly i sobě navzájem. Tato politika se v zásadě nezměnila, ani když po Mečiarově odvolání převzal funkci slovenského premiéra křesťanský demokrat Ján Čarnogurský. Stát se začal pomalu, ale neodvratně rozdělovat.

■ Druhé parlamentní volby byly připravovány za situace, kdy na Slovensku, zvláště v kruzích Mečiarova Hnutí za demokratické Slovensko, získávala stále větší podporu stanoviska, žádající buď další radikální úpravu vztahů mezi oběma národy na bázi konfederace, nebo dokonce osamostatnění Slovenska. Poslední požadavek vznášela zejména Slovenská národní strana (SNS). Dosavadní formu soužití s menšími úpravami obhajovala na Slovensku spíše pravice. Představu konfederačního spojení česká veřejnost odmítala. Uznávala však, že nesmí slovenskému národu překážet v cestě za dovršením národní suverenity.

■ V druhých parlamentních volbách v červnu 1992 zvítězily na Slovensku jasně levicové síly – za triumfujícím HZDS se slušným ziskem hlasů mohla vykázat postkomunistická Strana demokratické levice (SDĽ). Naproti tomu pravicově zaměřené strany – Demokratická strana, Občanská demokratická unie, Křesťanskodemokratická unie – víceméně propadly. V českých zemích dosáhla přesvědčivého vítězství pravicová koalice, která spojovala s nejsilnější Občanskou demokratickou stranou ještě Občanskou demokratickou alianci, Křesťanskodemokratickou stranu a Křesťanskou a demokratickou unii – Československou stranu lidovou. Česká levice zůstala rozdělena na komunistickou (Levicový blok, v němž dominovala Komunistická strana Čech a Moravy) a nekomunistickou, zastupovanou především Československou stranou sociálně demokratickou.

■ Protichůdné výsledky voleb v České a Slovenské republice prokázaly odlišnou orientaci převážné části obou národů a přispěly k rozhodnutí o budoucnosti společného státu. Za této situace se nemohlo podařit konstituovat ani fungující parlament ani akceschopnou vládu. Vítězové voleb se proto v sérii jednání dohodli na rozdělení federace. 25. listopadu 1992 rozhodlo o zániku Československa Federální shromáždění a 16. prosince 1992 schválila Česká národní rada ústavu samostatného českého státu.

■ Přes časté obavy proběhlo rozdělení (včetně rozdělení měny) klidně a důstojně. 1. ledna 1993 se na mapě Evropy objevil nový stát – Česká republika, zaujímající plochu 78 864 km^2, na níž žilo 10 302 000 obyvatel. Prvním prezidentem České republiky byl 26. ledna 1993 zvolen poslední československý prezident Václav Havel. Rovněž další představitelé České republiky patří k těm, kteří rozhodovali o transformaci Československa v parla-

Státoprávní přestavba státu nebo osamostatnění Slovenska

Výsledky druhých parlamentních voleb

Rozdělení Československa

Vznik České republiky

mentní demokracii a kteří působili zejména jako hlavní architekti hospodářské reformy. Funkcí českého premiéra byl pověřen předseda nejsilnější strany Václav Klaus.

■ Česká republika navázala na členství bývalé ČSFR v OSN, Radě Evropy a OBSE (Organizaci pro bezpečnost a spolupráci v Evropě). 4. října 1993 podepsal ministr zahraničí Josef Zieleniec dohodu o přidružení k Evropskému společenství a 28. listopadu 1995 se ČR stala 26. členem OECD. K zvýšení mezinárodní prestiže České republiky přispěly i návštěvy významných státníků – prezidenta USA Billa Clintona v lednu 1994, britské královny Alžběty II. v březnu 1996 nebo papeže Jana Pavla II. v dubnu 1997. Výsledkem návštěvy Billa Clintona bylo podepsání smlouvy Partnerství pro mír, která ČR přiblížila bezpečnostním strukturám NATO. V dubnu roku 1994 se ve východočeském městě Litomyšli sešli prezidenti sedmi států střední Evropy. Na neformálním setkání iniciovaném V. Havlem dali jasně najevo, že mají zájem na upevňování vztahů mezi zeměmi tohoto regionu. Vztahy mezi ČR a jejím největším sousedem – SRN – se vyvíjely velmi dobře, obě země spojily nejrůznější druhy spolupráce na poli hospodářském či kulturním, nebývalý rozmach zaznamenala i soukromá turistika. Problémy vyplývající ze střetů v minulosti se oba státy snaží překonat společnou česko-německou deklarací, která byla podepsána 21. ledna 1997.

■ Stejně jako Československo vyjádřila Česká republika několikrát připravenost nést svůj díl zodpovědnosti za vývoj v Evropě: ještě Československo vyslalo v březnu 1992 do bývalé Jugoslávie vojenskou jednotku, která zde působila v rámci sil UNPROFOR. Později, 29. listopadu 1995, schválila česká vláda účast jednotek Armády ČR v mnohonárodních silách (IFOR) pod vedením NATO, jejichž úkolem bylo dohlížet na dodržování mírové dohody na území bývalé Jugoslávie. Čeští vojáci působí i v misi SFOR. O tom, jak je ČR hodnocena na poli mezinárodních vztahů, svědčí jistě fakt, že od 1. ledna 1994 do 31. 12. 1995 byla nestálým členem Rady bezpečnosti OSN.

K propagaci ČR na mezinárodní scéně napomohly i dobré výsledky českých sportovců: hokejisté dosáhli v roce 1996, 1999 a 2000 titulu mistrů světa a v roce 1998 vyhráli olympijský turnaj v Naganu. Fotbalisté se roku 1996 stali vicemistry Evropy. Na olympiádě v Atlantě získali čeští reprezentanti 4 zlaté, 3 stříbrné a 4 bronzové medaile.

■ V nových podmínkách našla své místo i kultura, která se přes četné chmurné předpovědi v nové ekonomické situaci nezhroutila. Jak ukazují např. úspěchy českých filmařů a divadelníků, zvláště mladé generace, dokáže obstát i v silné mezinárodní konkurenci. Film Obecná škola režiséra Jana Svěráka byl nominován na Oscara a jeho pozdější film Kolja v r. 1997 toto ocenění již získal. Své postavení si uhájil Mezinárodní filmový festival v Karlových Varech, vrcholnou uměleckou i společenskou událostí zůstává hudební festival Pražské jaro. Příležitostí poukázat na roli intelektuálů ve střední a východní Evropě se stal 61. kongres PEN klubu, konaný v Praze 6.–12. listopadu 1994.

■ V oblasti výtvarného umění mělo velký význam znovuotevření pražského Veletržního paláce v prosinci 1995. Expozice moderního umění, která v něm byla instalována, představovala první krok k tomu, aby si veřejnost vytvořila přesnější pohled i na ty postavy a směry českého umění, které byly desinterpretovány či zamlčovány. Mnohostranný rozvoj současné umělecké tvorby přitom usnadňuje velké množství soukromých galerií, které vznikly v poslední době. Podobně i velký počet nakladatelství umožnil, že se čtenáři začali seznamovat s domácími i zahraničními novinkami, jakož i díly, která byla dříve cenzurována, nebo nemohla vůbec vyjít. Rozmach podnikání v tomto oboru přinesl ovšem i záplavu méně hodnotné triviální literatury. Naprosto novým fenoménem se stala soukromá televizní stanice NOVA, která zahájila vysílání 4. února 1994. Orientace na vkus průměrného diváka jí přinesla nečekané ekonomické úspěchy i výtky, že společnost přivyká násilí a zločinu – v souvislosti s takřka výlučným uváděním amerických filmů zesílily navíc i hlasy, obávající se amerikanizace české kultury. Na druhé straně je nesporné, že konkurence této průbojné stanice přiměla státní televizi více si uvědomovat své úkoly – objektivní zpravodajství i vysílání náročnějších pořadů.

■ Česká společnost akceptovala dalekosáhlé polistopadové změny a cenové šoky klidně. Vláda si uvědomovala význam sociálních aspektů reformy i náležité informovanosti obyvatelstva. Důvěru, jíž se těšilo pravicové

Česká kultura v nové situaci

Sociální změny

vedení státu, potvrdily i komunální volby, které proběhly 18.–19. listopadu 1994. Nejvíce hlasů bylo odevzdáno ODS, v malých venkovských obcích vítězili kandidáti KDU–ČSL. Česká strana sociálně demokratická (ČSSD) se ještě příliš neprosadila. Společnost se však začala silně majetkově a sociálně diferencovat, resp. se z ní vydělovaly skupiny některých podnikatelů, manažerů a úředníků. Ale naopak nedocházelo k posilování středních vrstev, menších podnikatelů a zejména příslušníků intelektuálních povolání. Počáteční nadšení pro polistopadové změny začalo znenáhla opadat. Střízlivější pohled, poučený i stále častějšími zahraničními kontakty, ukázal, že transformace nebyla tak úspěšná, jak se tvrdilo.

První závažné hospodářské problémy

■ Problémy se objevily nejdříve ve zdravotnictví. Na jedné straně mohla česká medicína v nových podmínkách využívat účinnějších léků i dokonalejšího přístrojového vybavení z dovozu, čímž se kvalita zdravotnické péče zvýšila, na druhé straně se zjistilo, že systém, založený na hodnocení lékaře podle provedených výkonů a vyšetření a fungování neomezeného množství pojišťoven, vede k stálému růstu finančních nákladů. Mnoho zařízení se přitom dostávalo do velkých potíží. To podněcovalo k úvahám o tom, do jaké míry je možné se v tomto oboru spoléhat na působení tržních principů. Podobné otázky, týkající se potřebnosti státní politiky v oblasti hospodářství, vzbuzoval i další problém, který se v polovině 90. let postupně projevoval – rostoucí saldo zahraničního obchodu. Dlouho se tato skutečnost vysvětlovala optimisticky tím, že české podniky nakupují v zahraničí technologii, kterou použijí na modernizaci produkce, a vývozem atraktivnějších výrobků bilanci zahraničního obchodu opět vyrovnají. Tyto předpoklady se však nenaplnily.

Nástup sociální demokracie

■ Celkový trend obratu doleva se jako ve všech postkomunistických zemích projevil, byť ve zmenšené míře, i v České republice. V parlamentních volbách 31. května – 1. června 1996 zvítězila ještě ODS (29,6 % hlasů), na druhém místě skončila však již Česká strana sociálně demokratická (26,4 %), vedená Milošem Zemanem. Strany vládní koalice získaly celkově jen 99 mandátů oproti 101 mandátům opozice rozdělené na sociální demokracii, komunisty a republikány. Za vydatné pomoci prezidenta Václava Havla dospěly demokratické parlamentní strany k dohodě, podle níž sociální demokracie slíbila „tolerovat" menšinovou pravicovou vládu. Za to se jí však dostalo významných pozic v kontrolních orgánech a parlamentních výborech a její předseda Zeman byl zvolen předsedou Poslanecké sněmovny.

■ Nová Klausova vláda měla velmi slabé postavení. V parlamentě prosazovala své návrhy jen díky hlasu jednoho sociálního demokrata. Především však nemohla ignorovat rostoucí hospodářské problémy, ohrožující stabilitu státního rozpočtu. Snažila se je zvládnout restriktivními opatřeními dvou tzv. balíčků (16. dubna a 28. května 1997), jimiž se krátily mzdy v rozpočtových a příspěvkových organizacích, sociální dávky, investiční výdaje apod.

■ Tato opatření byla velmi nepopulární a frustrující. Vládní představitelé ujišťovali obyvatelstvo, že transformace byla již úspěšně dokončena – a nyní museli přiznat, že obtíže teprve přijdou. Bylo tedy na místě analyzovat, k jakým chybám vlastně došlo. Hlavní příčina byla spatřována ve zvoleném způsobu privatizace, který v mnoha případech nepřivedl do podniků zodpovědné vlastníky ani nepřinesl kapitál, protože noví majitelé vyčerpali většinou své prostředky na samotnou koupi (pokud si ovšem i na ni nevzali úvěr, splácený potom z aktiv získaného podniku). Na rozdíl od podnikatelů, kteří své firmy vybudovali od základů a přilnuli k nim, se ti, kteří získali svůj majetek v privatizaci, chovali často nezkušeně nebo nezodpovědně a oproti předpokladům nedokázali účinně kontrolovat management. Na své úkoly nestačili nebo přímo zneužívali svého postavení k tzv. tunelování, tj. odčerpávání jejich hospodářského potenciálu v prospěch jiných subjektů. Aby si k takové činnosti zajistili klid, nebránili se značným mzdovým požadavkům zaměstnanců. Produktivita práce nestoupala. Ukázalo se také, že česká privatizace byla sice velmi rychlá, ale nikoli zcela důsledná. Protože české podniky už v minulosti trpěly značným nedostatkem kapitálu a od nových vlastníků, pokud nešlo o zahraniční subjekty, žádný nedostaly, potřebovaly rozsáhlé úvěry. Tak upadly do závislosti na bankách, patřících do značné míry státu. Ty si rovněž nevedly nijak opatrně a racionálně, protože jejich vedení vědělo, že v případě potíží se špatnými úvěry jim stát pomůže, což se pak také stávalo. Ačkoli stát vložil do záchrany bankovního sektoru miliardy korun, několik bank, které doplatily na nezkušenost či podvodné praktiky svých zaměstnanců, stejně zkracho-

Úskalí „české cesty" ekonomické transformace

valo. Konečně nevyhovoval ani právní systém, který nedokázal dostatečně rychle a účinně reagovat na šířící se nešvary.

■ Není pochyb, že mnoho z těchto potíží se dalo ještě v polovině 90. let řešit; tomu však bránila zřejmě i jistá únava z bouřlivého vývoje posledních let (velkou roli sehrálo nesporně obtížné dělení státu po rozpadu Československa) a neoprávněný pocit uspokojení. Negativně zapůsobily i neshody v řadách vládní koalice. S kritikou prý až příliš liberálních postupů Václava Klause a ODS i stylu jejich politiky vystupoval především předseda KDU Josef Lux, který se stával jednou z nejvýraznějších postav na tehdejší politické scéně. Stabilitě nepřispěly ani celkem časté výměny ministrů a počínající spory uvnitř ODS. Malou akceschopnost vlády dokazovala rozpačitá reakce na stávku železničářů na jaře 1997, o rozčarování veřejnosti z poměrů svědčila potom velká demonstrace, kterou na 8. listopadu 1997 svolala Českomoravská komora odborových svazů a která vyzněla jednoznačně jako protest vůči vládní politice.

■ Konec Klausovy vlády však nicméně způsobily domácí spory. 27. listopadu 1997 se dostaly na veřejnost informace o podvodném financování ODS pomocí nastrčených sponzorů a o údajném tajném kontu ve Švýcarsku. KDU vystoupila z koalice a zakrátko ji následovala i ODA (u níž však vypukl obdobný skandál, který tuto vždy malou stranu úplně rozložil). ODS se rozdělila a z Klausových protivníků se 17. ledna 1998 v Litomyšli vytvořila nová strana Unie svobody (US), vedená bývalým ministrem vnitra Janem Rumlem. Ještě předtím podal 30. listopadu 1997 Klaus demisi. Zárukou kontinuity a stability se stal prezident, který opět přispěl k vyřešení situace.

■ Na přechodnou dobu se v prosinci 1997 vytvořila nová, na politických stranách nezávislá vláda dosavadního guvernéra České národní banky Josefa Tošovského. Obě hlavní politické síly se zavázaly ji respektovat, pokud co nejdříve dojde k vypsání nových voleb. Ty se konaly 19.–20. června 1998. V nich zvítězila ČSSD (32 % hlasů), za ní se umístily ODS (28 %), KSČM (11 %), KDU (9 %), US (8,6 %). Extrémističtí republikáni se do parlamentu nedostali, z dosavadních parlamentních stran propadla i ODA. Situace před dvěma lety se do značné míry opakovala. Ukázalo se totiž, že žádná politická strana se nedokáže spojit s jinou a vytvořit většinovou vládu (a to přesto, že teoreticky existovala jak šance sestavit z ODS, US a KDU vládu pravicovou, tak i vládu levého středu, složenou z ČSSD, KDU a US.) Místo toho uzavřela ČSSD s ODS tzv. opoziční smlouvu, podle níž ODS zaručila určitou toleranci sociálně demokratické menšinové vlády. Výměnou dostala křeslo předsedy sněmovny, tentokrát pro Václava Klause, a zajistila si na rozhodování vlády nemalý vliv. Navíc získala slib, že ČSSD připraví úpravu volebního zákona tak, aby zvýhodňoval velké strany, které by potom mohly snáze vytvářet většinové vlády.

■   Dohoda mezi ČSSD a ODS byla často kritizována jako krok, který zamlžuje rozdíl mezi vládnoucí a opoziční složkou parlamentní demokracie. Její zastánci však tvrdili, že jinak jednat nešlo. Ovšem právě uzavření této dohody přispělo k profilování nových občanských iniciativ, které probudily veřejné mínění a jimž se nesporně podařilo poukázat na významné problémy, např. obměny politických elit (iniciativa Děkujeme, odejděte, 1999) či na nebezpečí, spočívající ve spojování politické moci a působení médií (iniciativa Česká televize – věc veřejná, 2001–2002).

Kritika opoziční smlouvy

■   Zemanova vláda musela čelit v první řadě nemalému hospodářskému poklesu. Musela se vyrovnávat také s dosud v České republice nepříliš známým fenoménem – nezaměstnaností, která rychle rostla zejména v některých oblastech severních Čech a Moravy, kde dříve dominovala těžba uhlí a těžký průmysl. Obnovit hospodářský růst se pokoušela tzv. revitalizací významných podniků, které se ocitly sice ve velkých potížích, ale které měly slušný výrobní program, zakázky a jejichž fungování bylo rozhodující pro vývoj zaměstnanosti v daném regionu. Tento program však velké úspěchy nepřinesl. Ani akce Čisté ruce, zaměřená proti hospodářské kriminalitě, se nemohla vykázat přesvědčivými výsledky. Naproti tomu prokázal Zemanův kabinet nečekanou rozhodnost v klíčové otázce privatizace bank. Rovněž investiční pobídky, které začal na rozdíl od Klausovy vlády v rozsáhlé míře používat, zvýšily zájem zahraničních firem podnikat v České republice, což podstatně přispělo k hospodářskému oživení. Na zlepšení hospodářské situace se však velkou měrou podílely také veřejné zdroje, což zvyšovalo nebezpečí neúnosného zadlužování státu.

Úsilí Zemanovy vlády v ekonomické oblasti

ČR, NATO a EU

Slavnostní ceremoniál při přijetí ČR do NATO v městě Independence (na obrázku ministři zahraničí USA, ČR, Polska a Maďarska – M. Albrightová, J. Kavan, J. Martony a B. Geremek).

Parlamentní volby v červnu 2002 a nová vláda V. Špidly

■   12. března 1999 byl splněn jeden z hlavních cílů české zahraniční politiky. Česká republika společně s Maďarskem a Polskem byla přijata do NATO. Vzápětí se ukázalo, že nepůjde o formální rozhodnutí: 24. března zahájily letecké síly aliance operaci v Kosovu. I když reakce veřejnosti na toto rozhodnutí nebyla v důsledku prosrbských sympatií, sahajících až do 19. století, jednoznačná, splnila Česká republika své spojenecké závazky beze zbytku. V prosinci 1997 obdržela Česká republika oficiální pozvání ke vstupu do Evropské unie a v březnu následujícího roku byla zahájena předběžná jednání. Zpočátku se objevovaly určité pochybnosti o tom, zda republika postupuje v přizpůsobování se evropským normám a zákonům dostatečně rychle, ale zpoždění bylo dohnáno a tempo zavádění evropské legislativy se stále zrychlovalo. Přijetí do Evropské unie se přiblížilo na dosah.

■   Zemanova vláda si vedla celkem dobře. Bylo proto dost překvapující, když se úspěšný premiér a šéf velké strany rozhodl vyhlásit, že do příštích parlamentních voleb v roce 2002 již svou stranu nepovede. Jeho nástupcem se stal dosavadní ministr práce a sociálních věcí Vladimír Špidla. Proti zkušenému Václavu Klausovi neměl podle volebních odhadů mnoho šancí; jeho rozhodnutí vypovědět ještě před volbami opoziční smlouvu, zřetelná snaha o nový politický styl, odlišný od autoritativního vystupování jak Zemana, tak Klause a konečně velmi dobře zvládnutá předvolební kampaň – to vše však vedlo k tomu, že ve volbách 14.–15. června 2002 zvítězila ČSSD s 30,2 % hlasů. ODS získala 24,5 % hlasů, za ní se umístila KČSM s 18,5 % hlasy. Do Poslanecké sněmovny vstoupila ještě Koalice KDU-ČSL a US-DEU (s US splynula menší strana Demokratická unie), která získala 14,3 % hlasů. Tyto volby byly často interpretovány jako velké vítězství levice, ve skutečnosti se však spíše ukázalo, že žádný subjekt nemá na české politické scéně dominantní postavení. Poměr mezi pravicí a levicí se také příliš nemění – pravice je pouze v důsledku posledního vývoje více rozdělena. Ostatně v dalším významném měření sil – v senátních a komunálních volbách na podzim 2002 se opět projevila poměrně výrazná převaha pravice.

■   Vzhledem k tomu, že Špidla již před volbami odmítl jednoznačně opakování opoziční smlouvy a stejně se stavěl proti spolupráci s KČSM (přičemž obě kombinace by zajišťovaly v Poslanecké sněmovně značnou většinu), vytvořil středolevou vládu se stranami KDU-ČSL a US-DEU, jimž nabídl šest křesel, včetně významného postu ministra zahraničních věcí, jímž se stal předseda KDU-ČSL Cyril Svoboda. Značnou nevýhodu této koalice představovala skutečnost, že vláda se může opírat jen o velice těsnou většinu jednoho hlasu. Určité rozdíly mezi oběma partnery, např. v otázkách hospodářské politiky, byly překonávány především s ohledem na zajištění vstupu do EU, který všechny vládní strany považovaly za nejvyšší prioritu.

■ V roce 2000 získala Praha, společně s dalšími osmi městy, titul Evropské město kultury. Na 400 kulturních akcí, koncertů, výstav či konferencí, se představilo hlavní město České republiky jako významné a tradiční středisko kultury a vzdělanosti. Skutečnost, že se může stát i významným centrem mezinárodní politiky, dokázala Praha tím, že 26. září 2000 uvítala představitele Mezinárodního měnového fondu a Světové banky, kteří se zde sešli na svém 55. výročním zasedání. O dva roky později, 21.–22. listopadu 2002, hostila Praha obdobně prestižní akci – summit NATO, který rozhodl o rozšíření této organizace o sedm dalších členů a jednal o způsobech reakce na hrozbu světového terorismu. Prezident Bush byl na summitu ujištěn, že Česká republika se zúčastní irácké operace.

Praha – město kultury, město setkávání

■ Zástupci 46 států, kteří do Prahy přijeli, využili této příležitosti také k tomu, aby se rozloučili s prezidentem Václavem Havlem, jehož mandát se blížil ke konci. Jeho role při budování České republiky a jejím prezentování na světové veřejnosti byla nenahraditelná. O to více zajímalo českou společnost, kdo nastoupí na jeho místo. Když se vládní koalice (především v důsledku rozporů v samotné ČSSD) nedokázala sjednotit na osobě svého kandidáta, vystřídal 28. února 2003 Havla muž, který neméně výrazně určoval osudy tohoto státu – Václav Klaus. V roce 2002 zasáhly značnou část Čech (včetně Prahy) nejničivější záplavy v novodobých dějinách. (Pět let předtím byla katastrofálně postižena Morava.) Vysoké škody, způsobené na infrastruktuře, i rostoucí deficity veřejných rozpočtů způsobily, že vláda se v polovině roku 2003 rozhodla pro hospodářskou reformu, omezující státní výdaje zejména v oblasti důchodové a sociální politiky.

V. Klaus jako nástupce V. Havla ve funkci prezidenta

■ Jako i v jiných evropských zemích závisí budouc-

**Perspektivy
české ekonomiky**

**ČR na prahu
Evropské unie**

*Prezident Václav
Klaus (vlevo)
a ministerský
předseda Vladimír
Špidla (vpravo)
při podpisu
Smlouvy
o přistoupení
v Aténách
16. dubna 2003.*

nost státu ovšem nejvíce na tom, jak se česká ekonomika vyrovná s očekávanými strukturálními změnami, zda útlum tradičních odvětví (těžby uhlí, těžkého průmyslu apod.) vynahradí rozvoj oborů spjatých s novými informačními technologiemi. K tomu, aby se Česká republika vyrovnala západoevropským zemím, potřebovala by svůj hospodářský růst výrazně zrychlit (na 5% přírůstek HDP ročně během 15-20 let - v letech 1999-2002 dosahoval 3,3 %, resp. 2,7 %). Hospodářskému posílení by měla přispět privatizace zbývajícího majetku, získávání investic do klíčových oborů národního hospodářství, urychlené budování infrastruktury (zejména napojení na hlavní dálniční a železniční tahy EU a rozvoj informačních technologií). Nezbytná je i další reforma důchodového a nemocenského zabezpečení či soudního systému. Především panuje shoda v tom, že česká společnost se musí stát „společností vzdělání", že je třeba zvyšovat počet vysokoškolsky vzdělaných odborníků i dokázat, aby české školství, vysoce hodnocené za předávání vědomostí, podporovalo také rozvoj tvořivého myšlení a schopnost komunikace.

■   Tyto či podobné problémy řeší - byť na vyšší úrovni - všechny evropské země. Proto je velice důležité, že Česká republika bude moci čerpat z jejich zkušeností a spolupracovat s nimi jako plnoprávný člen Evropské unie. V prosinci 2002 byly v Kodani ukončeny přístupové rozhovory s deseti kandidátskými zeměmi, včetně České republiky. Čeští představitelé v čele s prezidentem Václavem Klausem, ministerským předsedou Vladimírem Špidlou a místopředsedou vlády a ministrem zahraničních věcí Cyrilem Svobodou podepsali 16. dubna 2003 v Aténách Smlouvu o přistoupení. Historický krok přesvědčivě stvrdilo referendum, které se konalo 15.-16. června 2003. Referenda se zúčastnilo 55,2 % všech oprávněných voličů a z nich se pro zapojení ČR do EU vyslovila přesvědčivá většina - 77,3 %. Česká republika by se měla stát členem Evropské unie 1. května 2004.